Lecturas literarias
para acompañar
Punto y aparte

Anne Lambright
Trinity College

Sharon W. Foerster

Ramonita Marcano-Ogando
Yale University

D1736569

 **Custom Publishing**

Boston   Burr Ridge, IL   Dubuque, IA   Madison, WI   New York   San Francisco   St. Louis
Bangkok   Bogotá   Caracas   Lisbon   London   Madrid
Mexico City   Milan   New Delhi   Seoul   Singapore   Sydney   Taipei   Toronto

Lecturas literarias para acompañar
Punto y aparte

McGraw-Hill's Primis Custom Publishing consists of products that are produced from camera-ready copy. Peer review, class testing and accuracy are primarily the responsibility of the author(s).

3 4 5 6 7 8 9 0 QSR QSR 0 9 8 7 6 5

ISBN 0-07-286564-4

Editor: Barbara Duhon
Production Editor: Susan Culbertson
Cover Design: Fairfax Hutter
Printer/Binder: Quebecor World

Contenido

iv

Introduction

Lecturas literarias para acompañar Punto y aparte was created for those colleges and universities that want to offer extra reading practice to students who enjoy the challenge of longer, more complicated readings and for those who intend to advance to literature classes as Spanish majors or minors. Since the selection of readings includes mostly canonical authors, this reader can also be used in such bridge courses as Introduction to Contemporary Hispanic Literature.

The readings follow the *Punto y apart: Spanish in Review, Moving toward Fluency* text in that the two readings per chapter are presented by region, in the order in which they appear in the text: Spain, the Caribbean, Mexico, the Southern Cone, the Andes, and Central America. Also, the pre-reading and post-reading activities are similar to, though not exactly the same as, those in the **Lectura** section of the *Punto y aparte* text. The three reading strategies emphasized in the text are also included in the reader. Although there are many reading strategies that can help guide students as they approach foreign language texts, we concentrate on three. We refer to these strategies as "the three Vs": **Vocabulario en contexto, Visualización,** and **Verificación de comprensión.** We have placed consciousness-raising icons next to sections in each reading, to aid students in acquiring these strategies. Finally, the **Siete metas comunicativas,** which are at the center of the *Punto y aparte* methodology, are integrated into the reader as well. The **Siete metas comunicativas y los puntos clave** chart, with the corresponding icons, appear on page vi under "To the Student" and can be used as a reminder of which grammatical structures are needed to express the **metas comunicativas** accurately.

Reading Selections

The readings were selected to reflect the themes featured in the six main chapters of the *Punto y aparte* text. This continuity of theme allows students to utilize the **Vocabulario del tema** of the corresponding chapter in the text and to continue to expand their exposure to each theme.

Capítulo 1: Perspectivas: Percepciones e impresiones
Capítulo 2: Conexiones: ¿Qué importancia tienen nuestras raíces?
Capítulo 3: Pasiones y sentimientos
Capítulo 4: El trabajo y el ocio
Capítulo 5: El mundo actual
Capítulo 6: El porvenir

Chapter Components

Sobre la lectura A brief introduction to the author and the work to be explored is presented.
Nota histórico-cultural In certain cases an extra note is included in order to clarify either a cultural phenomenon or an historical event that is crucial to the understanding of the reading.

Antes de leer In order to prepare students for each reading, three pre-reading activities are included.

> A. **Para discutir** This section includes a few questions to activate students' existing knowledge about the theme of the reading.
>
> B. **Vocabulario en contexto** This section either helps students to remember strategies for dealing with unknown vocabulary, points out specific types of vocabulary items that play an important role in the reading, or deals with issues of regional dialect.
>
> C. **Visualización** The main characters of each reading are listed, and students are reminded to visualize the physical and personality traits of each of these main characters as they appear in the reading.

La lectura The "Three Vs" reading strategies are placed within the body of each reading and serve as a tool for helping students become accustomed to utilizing these three specific strategies.

> A. **Vocabulario en contexto** In each reading a few vocabulary words are underlined as a reminder to students that they have choices on how to deal with unknown words. They can try to decipher the word based on the context, figure it out by relating it to similar words they do know, look it up in the dictionary, or ignore it altogether if the meaning of that particular word does not seem critical to understanding the paragraph in which the word is found.
>
> B. **Visualización** Certain descriptive passages in the reading are bolded and a visualization icon is placed alongside that passage to remind students to visualize the character, the place, or the action being described.
>
> C. **Verificación de comprensión** In the longer readings the text is divided into two or three sections separated by a short series of **A verificar** questions placed at logical break points. This is done to encourage students to monitor their comprehension of the reading up to that point.

Después de leer The post-reading activities are numerous and varied, and we suggest that you pick and choose according to the interests of your students, the skills you want to practice, and the time constraints you may have.

> A. **Comprensión** This section consists of four **Pasos. Paso 1** uses true/false, multiple choice, and short answer questions to check student comprehension of the text. **Paso 2** is a group activity in which students go back to the list of main characters found in **Antes de leer** and write a list of words they associate with each of those characters. This is a good way to prepare students for the more in-depth discussions that will follow. **Paso 3** is a sentence completion activity in which students are asked to complete the sentences as if they were

one of the characters in the text. **Paso 4** is a writing activity in which students write a brief summary of the reading preceded by a vocabulary activity in which they work with a *ficha* (vocabulary index card). In the early chapters, students are given a *ficha* with three nouns, three verbs, and three adjectives pertaining to the reading. These key words will help them in preparing their summaries. In later chapters, students are asked to prepare their own *ficha* of nine key words before writing their summaries. The summary instructions vary for each reading. For example, students may be asked to write the summary as if it were a diary entry of one of the characters, a newspaper report or a movie review.

B. **Puntos clave** The focus of this section changes with each chapter and for the most part follows the sequence of *Metas comunicativas* found in *Punto y aparte* text:

> Capítulo 1: Descripción y Comparación
> Capítulo 2: Reacciones y Recomendaciones
> Capítulo 3: Narración en el pasado
> Capítulo 4: Hablar de los gustos
> Capítulo 5: Hacer hipótesis
> Capítulo 6: Hablar del futuro.

Students may refer to the *Metas comunicativas* chart found on page vi as they work on this section.

C. **¡A dramatizar!** Two mini-role plays are presented for students to act out. The situations are based on the characters' dilemmas presented in the reading.

D. **Hacia el análisis literario** With each reading, a different aspect of literary analysis (the use of dialogue, tone, narrative voice, etc.) is presented. Students are then asked to apply this new knowledge in a deeper analysis of the reading as a creative work.

> Capítulo 1   "Envidia" (El narrador)
> "Rosamunda" (El punto de vista)
> Capítulo 2:   "Con los ojos cerrados" (La trama)
> Tiempo muerto (Género, etnicidad y clase)
> Capítulo 3:   "Cristina Martínez" (El texto como comentario social)
> Querido Diego, te abraza Quiela (El tono)
> Capítulo 4:   La fiaca (El diálogo)
> El cartero de Neruda (La caracterización)
> Capítulo 5:   "El banquete" (La ironía)
> "El sueño del pongo" (El tema)
> Capítulo 6::   Única mirando al mar (La metáfora)
> "Pandora" (La voz poética)

E. **Las siete metas comunicativas en contexto** Students write two or three sentences for each of the seven communicative functions. This exercise utilizes the context of the reading in an activity that includes practice with all seven functions.

F. **El editor exigente** This writing activity is meant to give students practice in identifying the style and tone of a reading. We ask each student to take the part of the author, who has just received a request from his/her editor to make some changes to the manuscript. After students write the changes or additions, a few of them can be read aloud to the class for students to choose the one that most closely mimics the style and tone of the author.

G. **¡A conversar!** In contrast to the **Para discutir** section found in **Antes de leer**, this section should be more satisfying for both students and instructors in that after reading the **Lectura** and working with the previous exercises, students should be well-prepared to have a much more sophisticated discussion on the topics evoked by the reading.

H. **Yo poeta** This last activity is a creative one in which students write a simple five-line poem called a *cinquain* (Allen and Valette, 1977). Instructions are given in the first reading.

To the Student

Welcome to *Lecturas literarias para acompañar Punto y aparte,* a new reader designed for intermediate-level Spanish students. The twelve readings were selected to reflect the themes featured in the six main chapters of the *Punto y aparte: Spanish in Review, Moving Toward Fluency* text. This continuity of theme allows you to utilize the **Vocabulario del tema** of the corresponding chapter in the text and to continue to expand your exposure to each theme. We want reading in Spanish to be an enjoyable and satisfying experience. By guiding you through each reading with preliminary activities (**Antes de leer**), built-in reading strategies throughout the reading itself, and a great variety of post-reading activities (**Después de leer**) , we hope to build your confidence and enhance your ability to discuss and write about literary works from the Hispanic world.

Although there are many reading strategies that can help guide you as you approach foreign language texts, we concentrate on three. We refer to these strategies as "the three Vs": **Vocabulario en contexto, Visualización,** and **Verificación de comprensión**. We have placed reading strategy icons within the body of each reading to serve as a tool for helping you become accustomed to utilizing these three specific strategies.

Vocabulario en contexto In each reading a few vocabulary words are underlined as a reminder to you that you have choices on how to deal with unknown words. You can try to decipher the word based on the context, figure it out by relating it to similar words you do know, look it up in the dictionary, or ignore it altogether if the meaning of that particular word does not seem critical to understanding the paragraph in which the word is found.

Visualización Certain descriptive passages in the reading are bolded and a visualization icon is placed alongside that passage to remind you to visualize the character, the place, or the action being described.

VERIFICAR

Verificación de comprensión In the readings, the text is divided into two or three sections separated by a short series of **A verificar** questions placed at logical break points. This is done to encourage you to monitor your comprehension of the reading up to that point.

The **Siete metas comunicativas**, which are at the center of the *Punto y aparte* methodology, are integrated into this reader as well. As second-year language students using the *Punto y aparte* text you are familiar with the concept of focusing on seven major communicative functions in Spanish: describing, comparing, reacting and recommending, narrating in the past, talking about likes and dislikes, hypothesizing, and talking about the future. This focus on the communicative functions is aided by the constant recycling of the grammatical structures needed to accurately and successfully perform these functions. To help facilitate your growing abilities to communicate effectively in Spanish, icons are used throughout the text and reader to remind you with which function you are working. For example, when you see a $\overset{\text{\tiny DESCRIBIR}}{\text{D}}$ icon next to an activity, you know that you are working with description and that, in order to describe well, you must keep in mind the rules for gender/number agreement, the appropriate uses of **ser** and **estar**, and perhaps the use of past participles as adjectives. The following chart of the icons, communicative functions (**metas comunicativas**) and the grammatical structures (**puntos clave**) will serve as a review reference for those familiar with the *Punto y aparte* methodology and as an introduction to the concept for students using the reader independently of the text.

Iconos	Metas comunicativas	Puntos clave
D	**Descripción**	• agreement • **ser/estar** • participles as adjectives
C	**Comparación**	• agreement • **tan… como, más/menos… que**
R	**Reacciones y recomendaciones**	• subjunctive in noun clauses • commands
P	**Narración en el pasado**	• preterite • imperfect • present and past perfect
G	**Hablar de los gustos**	• **gustar**-type constructions • indirect object pronouns
H	**Hacer hipótesis**	• conditional tense • imperfect subjunctive
F	**Hablar del futuro**	• future tense • subjunctive for pending or future actions

Finally, to fully understand the sections called **Sobre la lectura** and **Hacia el análisis literario,** you should be familiar with vocabulary words needed to discuss literary genres, style, tone, plot and characterization. Fortunately, most of these key words are cognates. Look over the following groups of words and make sure you know their meanings as they relate to literary analysis.

VOCABULARIO PARA EL ANÁLISIS LITERARIO

el cuento	*(story)*	el narrador (a)	
el/la cuentista	*(storyteller)*	la novela	
el clímax		el/la novelista	
el diálogo		la metáfora	
el discurso		metafórico/a	
el drama		el monólogo interior	
el/la dramaturgo/a		el personaje	*(character or person)*
el escritor/la escritora	*(writer)*	el/la protagonista	
la etnicidad		el poema	
étnico/a		el/la poeta	
el género	*(genre, gender)*	la poesía	
la historia	*(story)*	el símbolo	
la ironía		simbólico/a	
irónico/a		el tema	
el lector/la lectora	*(reader)*	el tono	
la narración		la trama	*(plot)*

We hope that you will find the readings we have chosen enjoyable and thought-provoking, and we are certain that they will be valuable as you continue to move toward fluency in Spanish.

About the Authors

Anne Lambright is an Assistant Professor in the Department of Modern Languages and Literature at Trinity College in Hartford, Connecticut. After finishing her undergraduate work, she spent two years in Ecuador on a Fulbright Grant and then completed her M.A. and Ph.D. in Latin American Literature at the University of Texas at Austin. Her professional and research interests include second language acquisition and teaching methodologies as well as modern Andean literature and culture, *indigenismo,* and Latin American women's fiction, areas of interest in which she has published several articles. She has a forthcoming book on the connection between ethnicity and gender in the narrative of Peruvian author José María Arguedas and is currently working on a new project on the relationship of woman and city as portrayed in contemporary Latin American women's fiction.

Sharon Wilson Foerster retired from the University of Texas at Austin in 2001, where she was the Coordinator of Lower Division Courses in the Department of Spanish and Portuguese, directing the first and second-year Spanish language program and training graduate assistant instructors. She received her Ph.D. in Intercultural Communications from the University of Texas in 1981. Before joining the faculty at the University of Texas, she was Director of the Center for Cross-Cultural Study in Seville, Spain, for four years. She continues her involvement in study abroad through her work as Director of the Spanish Teaching Institute and as Academic Advisor for Academic Programs International. She is the co-author of *Metas comunicativas para maestros* (1999), *Metas comunicativas para negocios* (1998) , *Supplementary Materials to accompany Puntos de partida* (1989, 1993, 1997, 2001) and *En viaggio, Italian in Review, Moving Towards Fluency* (2003).

Ramonita Marcano-Ogando is Senior Lector of Spanish at Yale University, where she teaches Intensive Elementary Spanish, Unity and Diversity of the Spanish Language, Reading Knowledge in Spanish for graduate students, and Advanced Conversation. She received her M.A. in French from Rutgers University and is currently completing her dissertation (in Spanish) on female poets from the Dominican Republic. Her research interests include contemporary Latin American poetry with a particular focus on Caribbean poetry. She has presented several papers and workshops related to literature as well as to the field of foreign language teaching pedagogy.

Capítulo 1

"Envidia"
Ana María Matute

Sobre la lectura

Ana María Matute nació en Barcelona en 1926 y cómo niña vio los horrores de la Guerra
Civil Española (1936-1939) y sus consecuencias para la nación. Las experiencias de su
juventud marcan su narrativa de manera profunda. Autora de unas 26 obras, tanto
novelas (entre ellas, Los hijos muertos y la trilogía Los mercaderes) como colecciones de
cuentos, Matute es conocida por su capacidad descriptiva y su habilidad de evocar la vida
campesina y la gente común.

Cuando tenía diez años, Matute se enfermó y sus padres le mandaron a vivir con su
abuela en una aldea. Allí vio con sus propios ojos el sufrimiento de la gente campesina.
Por esa experiencia, mucha de su narrativa se caracteriza por una preocupación con el
sufrimiento de la gente, visto desde la perspectiva de un niño. Este cuento, "Envidia",
proviene de la colección de cuentos Historias de Artámila, publicado en 1961. Es,
precisamente, narrado por un niño y trata de una vieja criada de una casa rural. Mientras
lo lea, preste especial atención al uso de adjetivos, característico de la obra de Matute.

Antes de leer

A. Para discutir Converse sobre las siguientes preguntas en grupos pequeños.

1. ¿Cuáles son las emociones más dañinas (harmful) que sentimos los seres
   humanos? Explique su respuesta.

2. ¿De qué manera puede ser dañina la envidia? ¿Puede ser positiva
   también? Explique.

3. Normalmente, ¿de qué sienten envidia los niños?

B. Vocabulario en contexto A veces nos encontramos con una palabra que no
conocemos, pero que comparte raíz con otra que sí sabemos. Podemos usar la palabra
que ya sabemos para adivinar el significado de la palabra nueva. Fíjese en las palabras
subrayadas de las siguientes citas, tomadas de "Envidia". Primero, indique si la palabra o
la frase subrayada sirve como adjetivo, adverbio, sustantivo, o verbo. Luego, adivine su
significado. Finalmente, indique la palabra que ya sabe que le ayudó a entender la
palabra nueva. La primera le puede servir de modelo.

1. "Deberías ser más dulce y <u>amigable</u>". *adjetivo, friendly; amigo*

2. "Yo, como de costumbre, asistía <u>de escondidas</u> a aquellas reuniones".

3. "…el resplandor del fuego <u>dulcificaba</u> sus facciones…"

4. "…yo, en cambio, la <u>grandullona</u>, al trabajo…"

5. "…<u>sabido</u> es que a esta tierra se viene, por lo general, a trabajar."

6. "…envidia, y pena y <u>tristura</u> me daba…

7. " Sin embargo, Martina se había quedado <u>pensativa</u>, mirando al fuego…"

8. "…y me digo yo ahora si le daría lástima de verme descalza y rota como iba, y <u>flacucha</u> que me criaba…"

C. **Visualización** Mientras lea, en cuanto aparezcan los siguientes personajes en la lectura, trate de visualizar su apariencia física y los rasgos de su personalidad.

● Martina, la criada

● Marta, la cocinera

● Filomena, la madrastra de Martina

● Floriana, la muñeca o marioneta

"Envidia"

 VERIFICAR

Martina, la criada, era una muchacha alta y robusta, con una gruesa trenza[1], negra y luciente, arrollada en la nuca[2]. Martina tenía los modales[3] bruscos y la voz áspera[4]. También tenía fama de mal genio[5], y en la cocina del abuelo todos sabían que no se le podía gastar bromas ni burlas[6]. Su mano era ligera y contundente a un tiempo, y más de una nariz había sangrado por su culpa.

Yo la recuerdo cargando grandes baldes de ropa sobre sus ancas[7] de yegua[8] y dirigiéndose al rió descalza[9], con las desnudas piernas, gruesas y morenas, brillando al sol. Martina tenía la fuerza de dos hombres, según decía Marta, la cocinera, y el genio de cuatro sargentos. Por ello, rara era la vez que las demás criadas o alguno de los aparceros[10] mantenía conversación con ella.

-- Por tu genio no tienes amigas ni novio -- le decía Marta, que en razón de su edad era la única a quien toleraba confianzas --. Deberías ser más dulce y amigable.

-- Ni falta que me hace --le contestaba Martina. Y mordisqueando[11] un pedazo de pan se iba hacia el rió, alta y forzuda[12], garbosa[13] a pesar de su figura maciza[14]. Realmente hacía pensar que se bastaba a sí misma y de nada ni de nadie necesitaba. Yo estaba convencida de que Martina estaba hecha de hierro[15] y de que ninguna debilidad cabía en su corazón. Como yo lo creían todos, hasta aquel día en que, después de la cena, siendo ya vísperas de la Navidad, se les ocurrió en la cocina hablar del sentimiento de la envidia.

¡A verificar!

¿Quién(es)? ¿Dónde? ¿Qué pasó?

--Mala cosa es-- dijo Marta, al fin de todos--. Mala cosa es la envidia, pero bien triste, y cierto también que todos nosotros hemos sentido su punzada[16] alguna vez.

Todos callaron, como asintiendo, y quedaron pensativos. Yo, como de costumbre, asistía de escondidas a aquellas reuniones.

--Así es-- dijo Marino, el mozo-- Todos hemos sentido la mala mordedura[17], ¿a qué negarlo? ¿Alguno hay aquí que no la sintiera al menos una vez en la vida? ¡Ah, vamos, supongo yo! Menos Martina, que no necesita nunca nada de nadie ni de nada...Todos

---

[1] braid
[2] base of the neck
[3] mannerisms
[4] rough
[5] character
[6] teasing
[7] (here) hips
[8] mare
[9] sin zapatos
[10] trabajadores de una hacienda

---

[11] nibbling
[12] fuerte
[13] elegante
[14] enorme
[15] iron
[16] sting
[17] bite

4

miraron a Martina esperando su bufido[18] o su cachete. Sin embargo, Martina se había quedado pensativa, mirando al <u>fuego</u> y levantó levemente los hombros. Tenía las manos cruzadas sobre las rodillas. Ante su silencio, Marino, se envalentonó:

-- ¿Y cómo es eso, chica? ¿Tuviste tú envidia de algo alguna vez?

Todos la miraban con curiosidad divertida. Sin embargo, cosa extraña, Martina no parecía darse cuenta de la pequeña burla que empezaba a flotar a su alrededor. Sin dejar de mirar a la lumbre[19], dijo lentamente:

-- ¿Y por qué negarlo? Vienen ahora fechas santas y no quiero mancharme con mentiras: sentí la mordedura, es verdad. Una sola vez, es cierto, pero la sentí.

Marta se echó a reír.

--¿Puede saberse de qué tuviste envidia, Martina?

Martina la miró, y yo vi entonces en sus ojos una <u>dulzura</u> grande y extraña, que no le conocía.

--Puede saberse, contestó--, porque ya pasó. Hace mucho tiempo, ¡era yo una zagala[20]!

Se pasó la mano por los labios, de revés. Pareció que iba a sonreír, pero su boca seguía cerrada y seria. Todos la escuchaban sorprendidos, y al fin dijo:

--Tuve envidia de una muñeca[21].

Marino soltó una risotada[22], y ella se volvió a mirarle con <u>desprecio</u>.

-- Puede rebuznar[23] el asno[24] -- dijo agriamente --, que nunca conocerá la miel.

Marino se ruborizaba[25]. Marta siguió:

-- Cuéntanos, muchacha, y no hagas caso[26].

Martina dijo entonces, precipitadamente:

-- Nunca hablé de esto, pero todos sabéis que cuando padre se casó con Filomena yo no lo pasé bien. Marta <u>asintió</u> con la cabeza.

-- Fue verdadera madrastra, eso sí, muchacha. Pero tú siempre te supiste valer por ti misma[27]...

Martina se quedó de nuevo pensativa y el resplandor del fuego dulcificaba sus facciones de un modo desconocido.

-- Sí, eso es: valerme por mí misma... eso es cierto. Pero también he sido una niña. ¡Sí, a qué negarlo, cuernos, niña y bien niña! ¿Acaso no tiene una corazón?... Después que padre casó con Filomena, vinieron los zagales Mauricio y Rafaelín... ¡Todo era poco para ellos, en aquella casa...! Y bien, yo, en cambio, la grandullona, al trabajo, a la tierra. No es que me queje, vamos: sabido es que a esta tierra se viene, por lo general, a trabajar. ¡Pero tenía siete años! ¡Sólo siete años...!

Al oír esto todos callaron. Y yo sentí un dolor pequeño dentro, por la voz con que lo dijo.

¡A verificar!

¿Quién(es)? ¿Dónde?   ¿Qué pasó?

---

[18] snort
[19] fuego
[20] muchacha joven
[21] doll
[22] laugh
[23] bray

[24] burro
[25] blushed
[26] don't pay any attention
[27] care for oneself

Continuó: -- Pues ésta es la cosa. Un día llegaron los del Teatrín... ¿Recuerda usted, señora Marta, aquellos cómicos del Teatrín? ¡Madre, qué majos[28] eran...! Traían un teatrillo de marionetas, que le decían. Me acuerdo que me escapé a verle. Tenía ahorrados[29] dos realines[30], escondidos en un agujero[31] de la escalera, y acudí[32]... Sí, me gustó mucho, mucho. Ponían una función muy bonita, y pasaban cosas que yo no entendí muy bien. Pero sí que me acuerdo de una muñeca preciosa -- la principal era --, lo más precioso que vi: pelo rubio hasta aquí, y unos trajes... ¡Ay, qué trajes sacaba la muñeca aquella! ¡Mira que en cada escena uno diferente...! Y abanicos, y pulseras... ¡Como un sueño era la muñeca! Estuve yo como embobada mirándola... Bien, tanto es así, que, en acabando, me metí por adentro, a fisgar[33]. Vi que la mujer del cómico guardaba los muñecos en un baulito. Y a la muñeca, que se llamaba Floriana, la ponía en otro aparte. Conque fui y le dije: "Señora, ¿me deja usté mirarla?"

"Ella, a lo primero, pareció que me iba a echar, pero luego se fijó más en mí, y me digo yo ahora si le daría lástima de verme descalza y rota como iba, y flacucha que me criaba, y dijo: "Pagaste tu entrada, chiquita?" "La pagué, sí señora. Ella me miró más, de arriba a abajo, y por fin se rió así, para entre ella, y dijo: "Bueno, puedes mirarla si eso te gusta". ¡Vaya si me gustaba! Bizca[34] me quedé: tenía la Floriana una maleta para ella sola y, ¡Virgen, qué de trajes, qué de pulserinas, coronas y abanicos! Uno a uno me los iba ella enseñando, y me decía: "Esto para esto, éste para lo otro..." ¡Ay, Dios, un sueño parecía! Viéndola, a mí me arañaban[35] por dentro, me arañaban gatos o demonios de envidia, y pena y tristura me daba, he de confesarlo. ¡Y cómo vivía aquella muñeca, cielo santo! ¡Cómo vivía!

¡A verificar!

¿Quién(es)? ¿Dónde? ¿Qué pasó?

En que llegué a casa, la Filomena me esperaba con la zapatilla y me dio buena tunda[36] por la escapada... Sorbiéndome el moquillo[37] me subí al escaño ande[38] dormía, en el jergón de paja... Y me acordaba del fondo del baúl de sedas mullidas[39], donde dormía la Floriana... Y mirando mis harapos[40] me venían a las mientes sus sedas[41] y sus brazaletes. A la mañana, arreando[42], salí con el primer sol y me fui para el carro de los cómicos, descalza y medio desnuda como estaba, y me puse a llamar a voces a la señora. Y en que salió, despeinada y con sueño, le pedí que me llevaran con ellos: por Dios y por todo, si me querían llevar con ellos, que, bien lavada y peinada, podía serles como de muñeca.

---

[28] lindos
[29] saved
[30] coins
[31] hole
[32] asistí
[33] look around
[34] cross-eyed
[35] clawed
[36] beating
[37] sniffing back tears
[38] donde
[39] suaves
[40] rags
[41] silks
[42] plowing

Marta sonrió y le puso la mano en el hombro.

—Vaya, muchacha — le dijo —. No te venga la tristeza pasada. Bien que te defendiste luego... ¡Poca envidia es esa tuya!

Martina levantó la cabeza, con un gesto como de espantar[43] una mosca[44] importuna.

— ¡Y quién dice otra cosa! Nadie tiene que andarme a mí con compasiones. ¡fresca estaría...! ¡Cuántas querrían estar en mi lugar! ¡Pues sí que...! De pecados de envidia estábamos hablando, no de tristeza.

¡A verificar!

¿Quién(es)? ¿Dónde?   ¿Qué pasó?

---

[43] shoo
[44] fly

Después de leer

A. **Comprensión**

Paso 1: Indique si las siguientes oraciones son ciertas o falsas. Corrija las falsas y explique las oraciones que son ciertas.

1. Martina era una persona muy dulce, de buen carácter.
2. Martina tiene muchos amigos en la finca.
3. Los compañeros se sorprendieron de que Martina hubiera sentido envidia alguna vez.
4. Martina tuvo una niñez difícil.
5. Martina usó su propio dinero para ir a ver el Teatrín.
6. Martina se siente envidiosa de una de las actrices de Teatrín.
7. Al final, Martina se va a vivir con el Teatrín.
8. A Martina le agrada que sus compañeros le tengan compasión.

Paso 2: Con un compañero/una compañera vuelva a la lista de personajes que se encuentra en **Antes de leer**. Escriban una lista de palabras o expresiones (pueden ser adjetivos, sustantivos o verbos) que Uds. asocian con cada personaje.

Paso 3: Complete las siguientes oraciones como si Ud. fuera Martina. Comparta sus oraciones con un compañero/una compañera.

1. Mi madrastra me trataba mal porque…
2. La muñeca me fascinó porque…
3. Si hubiera ido para vivir con el Teatrín,…

Paso 4: En grupos de tres, utilicen las palabras de la siguiente ficha, además de sus propias palabras, para hacer un breve resumen del cuento en **el presente**. Después, vuelvan a escribirlo en **el pasado** prestando atención a los usos del pretérito y del imperfecto.

Envidia		
la criada	*los trajes de seda*	*la muñeca*
ahorrar	*escapar*	*llevar*
brusco/a	*callado/a*	*fascinado/a*

B. Descripción

La lectura contiene muchas descripciones muy precisas. La descripción ayuda al lector/a la lectora a visualizar la historia y a comprender mejor a los personajes. La descripción se puede realizar a través de adjetivos descriptivos o bien con metáforas que comparan al objeto de la descripción con otra cosa familiar al lector/a la lectora.

Paso 1: Busque en los primeros cuatro párrafos palabras y expresiones que se usan para describir a Martina. Categorícelas según el siguiente cuadro.

Descripciones físicas	Descripciones de carácter/personalidad

Paso 2: Marta dice que Filomena fue "verdadera madrastra". ¿Qué querrá decir? Usando la descripción de Martina como modelo, trabaje con un compañero para hacer una descripción de una "verdadera madrastra". Incluya detalles físicos y de personalidad.

C. ¡A dramatizar! Dramaticen una de las siguientes situaciones en parejas.

Situación 1: La niña Martina quiere hacerse miembro del Teatrín. Habla con la mujer del cómico para tratar de convencerla de que la lleven con ellos.

Papel de Martina: Ud. explica desesperadamente la situación en la que vive y pide ayuda. Para ser más convincente, le dice a la mujer todas las cosas que hará para ayudar al Teatrín si le permiten irse con el grupo.

Papel de la mujer: Ud. mira con desprecio (*look down on*) esa niña pobre y sucia. Se resiste a escucharla y ayudarla y le da muchos consejos sobre lo que debe hacer con su vida.

<u>Situación 2</u>: Dos niños/niñas pobres ven pasar a dos niños muy ricos de la alta sociedad de su ciudad. Hablan sobre su opinión de esos niños y sobre lo que les gustaría tener y lo que harían si fueran ricos.

Papel del primer niño/de la primera niña: Ud. es un poco avaro/a (*greedy*) y le gustaría tener muchas cosas. Piensa que no es justo que otros niños tengan tantos bienes mientras Ud. tiene muy poco. Hable sobre por qué esos niños no se merecen lo que tienen y qué compraría si Ud. fuera rico/a.

Papel del segundo niño/de la segunda niña: Ud. tampoco piensa que sea justo que algunos posean mucho y otros poco. Sin embargo, no cree que la vida de esos niños ricos sea perfecta necesariamente. Hable sobre las cosas buenas que Ud. tiene en su vida ya y sobre cómo compartiría (*would share*) el dinero si fuera rico/a.

D. Hacia el análisis literario *El narrador/la narradora*

Una obra narrativa puede tener uno o más narradores, el/la que narra la acción. El/la narrador(a) puede ser un personaje, o bien un/a narrador(a) invisible. Puede ser *omnisciente*, o sea, saberlo todo, y transmitirnos hasta los pensamientos y sentimientos de los personajes. O puede ser un tipo de *testigo*, quien tiene un conocimiento incompleto o limitado de los eventos narrados. El/la narrador(a) puede ser *fidedigno/a* (dice siempre la verdad) o *no digno/a de confianza* (en el que no podemos confiar porque no trata de decir la verdad). Finalmente, el/la narrador(a) puede ser *presente* o *involucrado/a* (involved), o físicamente como personaje, o porque comenta e interpreta los eventos para el/la lector(a) o *ausente y distante*, porque nos presenta los hechos simplemente y deja que nosotros los lectores lleguemos a nuestras propias interpretaciones.

Es el/la narrador(a) quien determina el punto de vista de la obra. Es de suma importancia no confundir al narrador/ a la narradora con el autor/la autora ya que aquel/aquella en últimas instancias siempre es una creación de éste/ésta.

Con un/a compañero/a, conteste las siguientes preguntas.

1. ¿Quién es el narrador/la narradora de este cuento? ¿Sabemos su género? ¿Más o menos qué edad tendrá?
2. ¿Es un narrador omnisciente o testigo? Explique.
3. ¿Es un narrador fidedigno o no digno de confianza? Explique.
4. ¿Es un narrador presente/involucrado o ausente/distante? Explique.
5. ¿En qué momentos puede influir el narrador en nuestro entendimiento del texto? Es decir, ¿cuál es su punto de vista y dónde lo vemos?
6. ¿Por qué cree Ud. que Matute escogió a este tipo de narrador para el cuento?

E. Las siete metas comunicativas en contexto Escriba dos o tres oraciones para cada meta comunicativa. Preste atención a los puntos gramaticales que debe utilizar para hacer oraciones precisas.

 1. Describe a Martina en sus propias palabras.

 2. Compare a Martina con la muñeca Floriana.

 3. Reaccione a las circunstancias de la niñez de Martina. (Es triste que…, es terrible que…, que bueno/malo que…)

 4. En sus propias palabras, explique lo que le pasó a Martina cuando regresó a casa después de ver el Teatrín. ¿Qué hizo su madrastra? ¿Cómo se sintió Martina? ¿Por qué se sentía así? ¿Qué hizo al día siguiente?

 5. ¿Qué le interesa a Martina? ¿Qué le molesta?

 6. Si Ud. fuera Martina, ¿qué haría para cambiar su vida?

 7. Ahora Martina es una vieja criada. ¿Qué le pasará en los próximos años?

F. El editor exigente: Un editor lee el cuento "Envidia" y sugiere un final diferente—que Martina se fuera con el Teatrín a vivir unos años, en vez de quedarse en casa con su madrastra. Le pide a Matute que escriba dos o tres párrafos narrando los años que Martina pasó con el Teatrín y qué pasó al final con la muñeca.

Paso 1: Mire los párrafos en los que Martina describe su encuentro con la muñeca (desde "Pues ésta es la cosa…" hasta "podía servirles de muñeca"). Circule los verbos en el imperfecto y subraye los verbos en el pretérito. Con un/a compañero/a, miren las categorías de usos del pretérito y del imperfecto en las páginas 217-218 en el libro de texto, *Punto y aparte*, y expliquen qué regla corresponde con cada verbo en estos párrafos.

Paso 2: Prepare la columna de su historia (la cronología de eventos);esta lista de verbos en el pretérito va a avanzar la acción de su historia. Después, prepare una lista de los verbos en el imperfecto que formarán la carne de su historia (los detalles, las descripciones físicas y los sentimientos).

Paso 3: Ahora escriba su historia. Trate de mantener un tono nostálgico e informal similar al que se ve en el cuento, "Envidia". Use los conectores apropiados.

G. **¡A conversar!** Converse sobre las siguientes preguntas en grupos pequeños.

1. ¿Por qué es irónico que Martina tenga envidia de una muñeca? ¿Qué dice este hecho sobre la sociedad de la que Matute escribe?

2. ¿Ha sentido Ud. envidia alguna vez? Hable sobre algún momento en el que sintió envidia.

3. ¿Alguien en algún momento ha sentido envidia de Ud.? Explique.

4. En su opinion, ¿cuál de los siguientes vicios o pecados es el peor: la avaricia (greed), la envidia, la soberbia (arrogance), la gula (gluttony)? Explique.

5. ¿Ha visto una película o ha leído un libro o un reportaje periodístico en el/la que uno de estos pecados fuera el enfoque?

H. **Yo poeta** A ver cuán creativo/a es Ud. Puede trabajar en parejas o solo/a para crear un poema sencillo de tipo "cinquain". Vea la descripción de un "cinquain" y el siguiente modelo. Luego escriba un "cinquain" sobre **uno** de los siguientes temas: la muñeca, la envidia, la madrastra.

Este tipo de poema consiste en cinco líneas. Siga las instrucciones.

Línea 1: Nombre el sujeto en una palabra (un sustantivo)
Línea 2: Describa el sujeto con dos palabras (un sustantivo y un adjetivo o dos adjetivos)
Línea 3: Describa acciones sobre el sujeto en tres palabras (pueden ser infinitivos o gerundios)
Línea 4: Exprese una emoción sobre el sujeto en cuatro o cinco palabras.
Línea 5: Repita el sujeto con otra palabra que refleja el contenido del poema (sustantivo)

Modelo: Martina
Mujer brusca
Trabajar, callar, soñar
Con deseos de escapar
Tristeza

Capítulo 1

"Rosamunda"
Carmen Laforet

Sobre la lectura

Carmen Laforet, nacida en 1921, es una renombrada cuentista y novelista española. A la corta de edad de 24 años ganó el prestigioso Premio Nadal con su primera novela titulada <u>Nada</u> (1944). En esta novela Laforet relata la vida de una joven estudiante universitaria en Barcelona después de la Guerra Civil española. Su obra gira normalmente en torno a personajes femeninos. Por lo general privilegia la caracterización y sicología de sus personajes sobre la historia que cuenta.

En "Rosamunda", por ejemplo, la autora resalta el estado psicológico y emocional de la protagonista, Rosamunda, una mujer abatida por la vida doméstica y por la cruel y monótona realidad que le robó sus sueños de ser poeta. El cuento se narra en un tren mientras Rosamunda conversa con un joven soldado y "viaja" entre la realidad y la fantasía. Veamos con más detalles cómo es Rosamunda, cuáles son sueños y cuáles los obstáculos que encuentra en su camino.

Antes de leer

A. **Para discutir** Converse sobre las siguientes preguntas en grupos pequeños.

1. ¿Tiene Ud. la tendencia de conversar con gente desconocida cuando viaja por tren, autobús o avión? ¿Por qué?

2. ¿Ha conocido a una persona en una fiesta o de viaje que le contó algo personal que le parece exagerado o pura mentira? ¿Qué le contó? ¿Qué le dijo a esta persona?

3. ¿Ha Ud. mentido una vez acerca de su propia vida, hablando con una persona desconocida?

B. **Vocabulario en contexto** Es importante observar cómo algunas palabras se forman a partir de otras. De la misma raíz se pueden formar sustantivos, verbos y adjetivos al añadir o cambiar los sufijos o prefijos. En el siguiente ejercicio Ud. trabajará con un compañero/una compañera para decidir si los espacios en blanco requieren un sustantivo (S), un verbo (V) o un adjetivo (A). Escriban la letra S, V o A debajo de cada blanco. Luego escojan la palabra apropiada de la lista que se encuentra en la ampliación léxica.

14

Ampliación léxica

sustantivos	verbos	adjetivos
el drama	dramatizar	dramatizado/a
el encierro	encerrar	encerrado/a
el éxito	tener éxito	exitoso/a
el halago	halagar	halagado/a
	rodear	rodeado/a
la ruina	arruinar	arruinado/a

--Rosamunda tenía un gran talento_____. Llegó a actuar con _____

brillante. Además era poetisa. Tuvo ya cierta fama desde su juventud... Imagínese, casi

una niña, _____ mimada por la vida y, de pronto, una catástrofe... El

amor... ¿Le he dicho a usted que era famosa? Tenía dieciséis años apenas, pero la

_____ por todas partes los admiradores. En uno de los recitales de poesía,

vio al hombre que causó su _____ A... A mi marido, pues Rosamunda, como

usted comprenderá, soy yo. Me casé sin saber lo que hacía, con un hombre brutal,

sórdido y celoso. Me tuvo _____ años y años. ¡Yo!... Aquella mariposa

de oro que era yo... ¿Entiende?

C. **Visualización** Mientras lea, en cuanto aparezcan los siguientes personajes
   en la lectura, trate de visualizar su apariencia física y los rasgos de su
   personalidad.

● Rosamunda, la protagonista

● El soldado

● El esposo de Rosamunda

● Florisel, el hijo de Rosamunda

"Rosamunda"

 VERIFICAR

Estaba amaneciendo[1], al fin. El departamento de tercera clase olía a cansancio, a tabaco y a botas de soldado. Ahora se salía de la noche como de un gran túnel y se podía ver a la gente acurrucada[2], dormidos hombres y mujeres en sus asientos duros. Era aquel un incómodo vagón-tranvía, con el pasillo atestado[3] de cestas[4] y maletas. Por las ventanillas se veía el campo y la raya[5] plateada del mar.

Rosamunda se despertó. Todavía se hizo una ilusión placentera al ver la luz entre sus pestañas semicerradas. Luego comprobó que su cabeza colgaba[6] hacia atrás, apoyada en el respaldo[7] del asiento y que tenía la boca seca de llevarla abierta. Se rehizo[8], enderezándose[9]. Le dolía el cuello--su largo cuello marchito[10]--. Echó una mirada a su alrededor y se sintió aliviada al ver que dormían sus compañeros de viaje. Sintió ganas de estirar[11] las piernas entumecidas[12]--el tren traqueteaba, pitaba--. Salió con grandes precauciones, para no despertar, para no

molestar, <<con pasos de hada[13]>> --pensó--, hasta la plataforma.

El día era glorioso. Apenas se notaba el frío del amanecer. Se veía el mar entre naranjos. Ella se quedó como hipnotizada por el profundo verde de los árboles, por el claro horizonte de agua.

¡A verificar!

¿Quién(es)? ¿Dónde? ¿Qué pasó?

--<<Los odiados, odiados naranjos... Las odiadas palmeras... El maravilloso mar...>>

--¿Qué decía usted?

A su lado estaba un soldadillo. Un muchachito pálido. Parecía bien educado. Se parecía a su hijo. A un hijo suyo que se había muerto. No al que vivía; al que vivía, no, de ninguna manera.

--No sé si será usted capaz de entenderme-- dijo, con cierta altivez[14]--. Estaba recordando unos versos míos. Pero si usted quiere, no tengo inconveniente en recitar...

El muchacho estaba asombrado[15]. Veía a una mujer ya mayor, flaca, con profundas ojeras[16]. El cabello oxigenado, el traje de color verde, muy viejo. Los pies calzados en unas viejas zapatillas de baile..., sí, unas asombrosas zapatillas de baile, color de plata, y en el pelo una cinta[17] plateada también, atada con un

---

[1] dawning
[2] curled up
[3] lleno
[4] baskets
[5] line
[6] was hanging
[7] back
[8] composed
[9] straightening up
[10] withered
[11] stretch
[12] dormidas
[13] fairy steps
[14] arrogancia
[15] sorprendido
[16] bags under her eyes
[17] ribbon

lacito[18]... Hacía mucho que él la observaba.

--¿Qué decide usted?--preguntó Rosamunda, impaciente--. ¿Le gusta o no oír recitar?

--Sí, a mí...

El muchacho no se reía porque le daba pena mirarla. Quizá más tarde se reiría. Además, él tenía interés porque era joven, curioso. Había visto pocas cosas en su vida y deseaba conocer más. Aquello era una aventura. Miró a Rosamunda y la vio soñadora[19]. Entornaba[20] los ojos azules. Miraba al mar.

--¡Qué difícil es la vida!

Aquella mujer era asombrosa. Ahora había dicho esto con los ojos llenos de lágrimas.

--Si usted supiera, joven... Si usted supiera lo que este amanecer significa para mí, me disculparía. Este correr hacia el Sur. Otra vez hacia el Sur... Otra vez a mi casa. Otra vez a sentir ese ahogo[21] de mi patio cerrado, de la incomprensión de mi esposo... No se sonría usted, hijo mío; usted no sabe nada de lo que puede ser la vida de una mujer como yo. Este tormento infinito... Usted dirá que por qué le cuento todo esto, por qué tengo ganas de hacer confidencias, yo, que soy de naturaleza reservada... Pues, porque ahora mismo, al hablarle, me he dado cuenta de que tiene usted corazón y sentimiento y porque esto es mi confesión. Porque, después de usted, me espera, como quien dice la tumba... el no poder hablar ya a ningún ser humano..., a ningún ser humano que me entienda.

Se calló, cansada, quizá, por un momento. El tren corría, corría... el aire se iba haciendo cálido, dorado. Amenazaba[22] un día terrible de calor.

¡A verificar!

¿Quién(es)? ¿Dónde? ¿Qué pasó?

--Voy a empezarle a usted mi historia, pues creo que le interesa... Sí, figúrese usted una joven rubia, de grandes ojos azules, una joven apasionada por el arte... De nombre, Rosamunda... Rosamunda, ¿ha oído?... Digo que si ha oído mi nombre y qué le parece.

El soldado se ruborizó[23] ante el tono imperioso.

--Me parece bien... bien.

--Rosamunda... --continuó ella, un poco vacilante.

Su verdadero nombre era Felisa; pero no sabe por qué lo aborrecía[24]. En su interior siempre había sido Rosamunda, desde los tiempos de su adolescencia. Aquel Rosamunda se había convertido en la fórmula mágica que la salvaba de la estrechez[25] de su casa, de la monotonía de sus horas; aquel Rosamunda convirtió al novio zafio[26] y colorado en un príncipe de leyenda[27]. Rosamunda era para ella un nombre amado, de calidades exquisitas... Pero ¿para qué explicar al joven tantas cosas?

--Rosamunda tenía un gran talento dramático. Llegó a actuar con

---

[18] little bow
[19] a dreamer
[20] half closed
[21] suffocation

[22] threatened
[23] blushed
[24] odiaba
[25] narrowness
[26] clumsy
[27] legend

éxito[28] brillante. Además era poetisa. Tuvo ya cierta fama desde su juventud... Imagínese, casi una niña, halagada[29], mimada por la vida y, de pronto, una catástrofe... El amor... ¿Le he dicho a usted que era famosa? Tenía dieciséis años apenas, pero la <u>rodeaban</u> por todas partes los admiradores. En uno de los recitales de poesía, vio al hombre que causó su ruina. A... A mi marido, pues Rosamunda, como usted comprenderá, soy yo. Me casé sin saber lo que hacía, con un hombre brutal, sórdido y celoso. Me tuvo encerrada años y años. ¡Yo!... Aquella mariposa de oro que era yo... ¿Entiende?

(Sí, se había casado, si no a los dieciséis años, a los veintitrés; pero ¡Al fin y al cabo!... Y era verdad que le había conocido un día que recitó versos en casa de una amiga. Él era carnicero[30]. Pero, a este muchacho, ¿se le podían contar cosas así? Lo cierto era aquel sufrimiento suyo, de tantos años. No había podido ni recitar un solo verso, ni aludir a sus pasados éxitos--éxitos quizás inventados, ya que no se acordaba bien; pero... --. Su mismo hijo solía decirle que se volvería loca de pensar y llorar tanto. Era peor esto que las palizas[31] y los gritos de él cuando llegaba borracho. No tuvo a nadie a más que al hijo aquél, porque las hijas fueron descaradas[32] y necias[33], y se reían de ella, y el otro hijo, igual que su marido, había intentado hasta <u>encerrarla</u>.)

--Tuve un hijo único. Un solo hijo. ¿Se da cuenta? Le puse Florisel... Crecía delgadito, pálido, así como usted.

---

[28] success
[29] flattered
[30] butcher
[31] beatings
[32] shameless
[33] foolish

Por eso quizás le cuento a usted estas cosas. Yo le contaba mi magnífica vida anterior. Sólo él sabía que conservaba un traje de gasa[34], todos mis collares... Y él me escuchaba, me escuchaba... como usted ahora, embobado[35].

¡A verificar!

¿Quién(es)? ¿Dónde? ¿Qué pasó?

Rosamunda sonrió. Sí el joven la escuchaba absorto.

--Este hijo se me murió. Yo no lo pude resistir... Él era lo único que me ataba a aquella casa. Tuve un arranque[36], cogí mis maletas y me volví a la gran ciudad de mi juventud[37] y de mis éxitos... ¡Ay! He pasado unos días maravillosos y tristes. Fui <u>acogida</u> con entusiasmo, aclamada de nuevo por el público, de nuevo adorada... ¿Comprende mi tragedia? Porque mi marido, al enterarse[38] de esto, empezó a escribirme cartas tristes y desgarradoras: no podía vivir sin mí. No puede, el pobre. Además es el padre de Florisel, y el recuerdo del hijo perdido estaba en el fondo de todos mis triunfos, amargándome[39].

El muchacho veía animarse por momentos a aquella figura flaca y estrafalaria que era la mujer. Habló mucho. Evocó un hotel fantástico, el lujo[40] derrochado[41] en el teatro el día de

---

[34] chiffon
[35] dumbstruck
[36] outburst
[37] youth
[38] finding out
[39] making me bitter
[40] luxury
[41] squandered

su <<reaparición>>; evocó ovaciones delirantes y su propia figura, una figura de <<sílfide cansada>>, recibiéndolas.

--Y, sin embargo, ahora vuelvo a mi deber... Repartí mi fortuna entre los pobres y vuelvo al lado de mi marido como quien va a un sepulcro.

Rosamunda volvió a quedarse triste. Sus pendientes eran largos, baratos; la brisa los hacía ondular... Se sintió desdichada[42], muy <<gran dama>>... Había olvidado aquellos terribles días sin pan en la ciudad grande. Las burlas[43] de sus amistades ante su traje de gasa, sus abalorios[44] y sus proyectos fantásticos. Había olvidado aquel largo comedor con mesas de pino cepillado[45], donde había comido el pan de los pobres entre mendigos[46] de broncas toses. Sus llantos, su terror en el absoluto desamparo[47] de tantas horas en que hasta los insultos de su marido había echado de menos[48]. Sus besos a aquella carta del marido en que, en su estilo tosco[49] y autoritario a la vez, recordando al hijo muerto, le pedía perdón y la perdonaba.

El soldado se quedó mirándola. ¡Qué tipo más raro, Dios mío! No cabía duda de que estaba loca la pobre... Ahora le sonreía... Le faltaban dos dientes.

El tren se iba deteniendo en una estación del camino. Era la hora del desayuno, de la fonda de la estación venía un olor apetitoso... Rosamunda miraba hacia los vendedores de rosquillas[50].

--¿Me permite usted convidarla[51], señora?

En la mente del soldadito empezaba a insinuarse una divertida historia. ¿Y si contara a sus amigos que había encontrado en el tren una mujer estupenda y que...?

--¿Convidarme? Muy bien, joven... Quizá sea la última persona que me convide... Y no me trate con tanto respeto, por favor. Puede usted llamarme Rosamunda... no he de enfadarme por eso.

¡A verificar!

¿Quién(es)? ¿Dónde? ¿Qué pasó?

---

[42] desafortunada
[43] mockeries
[44] glass beads
[45] brushed
[46] beggars
[47] despair
[48] missed
[49] crude

---

[50] fritters
[51] treat

Después de leer

A. Comprensión

Paso 1: Indique si las siguientes oraciones son ciertas o falsas. Corrija las falsas. Indique qué parte del texto apoya su respuesta.

1. Rosamunda viajaba muy cómodamente en el tren.
2. El soldadillo que iba en el tren era su hijo.
3. Rosamunda no era joven y llevaba ropa muy elegante.
4. Ella habla con el soldado porque él le inspiró confianza.
5. El verdadero nombre de la mujer era Rosamunda.
6. Ella tenía talento para el teatro y la poesía.
7. Su esposo era una especie de príncipe en realidad.
8. La protagonista fue víctima de la violencia doméstica.
9. La expresión "mariposa de oro" no es apropiada para describirla.
11. Todos sus hijos la querían y respetaban.
12. El joven soldado la escuchaba con interés.
13. Rosamunda triunfó como poeta en la "gran ciudad".
14. El soldado la invitó a desayunar.

Paso 2: Con un/una compañero/a vuelva a la lista de personajes que se encuentra en **Antes de leer**. Juntos escriban una lista de palabras o expresiones (pueden ser adjetivos, sustantivos o verbos) que Uds. asocian con cada personaje.

Paso 3: Complete las siguientes oraciones como si Ud. fuera Rosamunda. Comparta sus oraciones con un compañero/una compañera.

1. Cuando recito poesía me hace sentir…
2. Después de casarme, mi vida…
3. La verdad es que mis años en "la gran ciudad" no fueron…

Paso 4: En parejas, utilicen las palabras de la siguiente ficha, además de sus propias palabras, para hacer un breve resumen del encuentro que el soldado tuvo con Rosamunda. Escríbanlo como si fuera una entrada en el diario del soldado.

Rosamunda		
la poetisa	la fama	el traje de gasa
recitar	contar	perder
pálido/a	flaco/a	encerrado/a

B. Comparaciones

Haga seis comparaciones entre la vida de Felisa (la realidad) y la de Rosamunda (la fantasía). Compare a sus hijos, sus carreras en la gran ciudad y a sus maridos.

C. ¡A dramatizar! Dramaticen una de las siguientes situaciones en parejas.

Situación 1:En uno de sus recitales de poesía, Rosamunda conoce a un hombre persistente que trata de convencerla de que se case con él.

Papel de Rosamunda: Ud. está muy halagada (*flattered*) con la atención de tantos admiradores. No tiene ninguna intención de casarse con nadie. Hable con este pretendiente, sea impaciente y presumida.

Papel del pretendiente (*suitor*): Ud. está totalmente encaprichado (*infatuated*) con la belleza y el talento de Rosamunda. Ud. es rico, un poco pesado, pero de carácter dulce y con la tendencia de decir cosas cursis.

Situación 2. Rosamunda vuelve a su pueblo para hablar con su marido sobre las condiciones bajo las cuales se quedaría con él.

Papel de Rosamunda: Ud. ha llegado al pueblo con una nueva fortaleza . Exprese sus deseos y demandas con claridad y firmeza.

Papel del marido: Ud. quiere que Rosamunda se quede porque no puede vivir sin ella. Trate de convencerla de que Ud. ha cambiado y que jamás volverá a hacerle daño.

D. Hacia el análisis literario *El punto de vista*

El punto de vista es la perspectiva desde la que se narra una historia. Es uno de varios recursos literarios mediante los que podemos deducir el tema de la obra. Puede haber varios puntos de vista dentro de una misma obra, ya que a menudo la información que recibe el lector proviene de diferentes fuentes (el narrador/la narradora; diferentes personajes).

Los tres puntos de vista principales en "Rosamunda" son: 1) el de Rosamunda; 2) el del soldado; 3) el del narrador omnisciente. Conteste las siguientes preguntas sobre estos tres puntos de vista.

1. ¿Cuál es el punto de vista de cada uno acerca de Rosamunda y su situación?

2. Vuelva a leer el cuento y seleccione dos o tres frases que mejor revelen cada punto de vista principal.

3. ¿De qué manera concuerdan los tres puntos de vista? ¿Cómo se contradicen?

4. Elimine uno de los puntos de vista de la historia. ¿Cómo cambia la manera en que entendemos a Rosamunda y su situación?

5. En su opinión. ¿cuál es el punto de vista más importante de la historia? ¿y la menos importante? Explique.

6. Vuelva a contar la historia desde el punto de vista que en su opinión es el menos importante. Añada los detalles necesarios para completar la historia. ¿Cómo cambia la historia al contarla desde ese punto de vista?

E. Las siete metas comuncativas en contexto Escriba dos o tres oraciones para cada meta comunicativa. Preste atención a los puntos gramaticales que debe utilizar para hacer oraciones precisas.

D 1. Describa en sus propias palabras al marido de Rosamunda.

C 2. Haga una comparación entre la vida de Rosamunda en la gran ciudad y su vida en su pueblo al sur de España.

R 3. Imagínese que Ud. es el joven soldado que, después de dos semanas decide escribir a su nueva amiga. Escríbale a Rosamunda dos reacciones a su situación y dos recomendaciones.

P 4. Piense en el hijo que se murió. ¿Cómo era? ¿Cómo se murió? ¿Cómo se sintió Rosamunda cuando se murió?

G 5. ¿Qué le interesa a Rosamunda? ¿Qué le apasiona? ¿Qué le preocupa? ¿Qué le fastidia de su vida?

H 6. Si Ud. pudiera darle a Rosamunda un regalo, ¿qué le daría? ¿Por qué cree Ud. que este regalo la complacería (*please her*)

F 7. ¿Qué pasará con Rosamunda cuando regrese a su familia? ¿Tendrá su ausencia algún efecto en sus relaciones con su marido y con sus hijos?

F. El editor exigente Un editor lee el cuento y le pide al autor unos cambios:

"Me gustaría saber algo más sobre el admirador con quien Felisa (Rosamunda) se casó y algo sobre su noviazgo (*courtship*). ¿Por qué se casó con él si tenía tan mal carácter?"

Escriba uno o dos párrafos en los que Felisa (Rosamunda) rememora el noviazgo con su esposo. Mantenga el tono y el estilo del cuento.

G. ¡A conversar! Converse sobre los siguientes temas en grupos pequeños.

1. Imagínese que Ud. y su mejor amigo/a se separan después de graduarse de la universidad. Cinco años más tarde se encuentran. Cuéntele sobre la pareja maravillosa que ahora tiene. Exagere su historia de amor para impresionar a su amigo/a.

2. Piense en algo que le ocurrió en el pasado. Comparta su historia con su compañero/a. Luego él o ella le contarán su historia a otra persona de la clase, pero cambiará algunos detalles para hacerla más interesante.

3. Por diferentes claves que se encuentran en la historia, podemos deducir que Rosamunda ha sido víctima de la violencia doméstica. ¿Cree Ud. que la violencia doméstica es un problema grande hoy en día en su comunidad? ¿Cuáles son las consecuencias para sus víctimas? ¿y para los hijos? ¿Qué se puede hacer para resolver el problema?

H. Yo poeta A ver cuán creativo/a es Ud. Puede trabajar en parejas o solo/a para crear un poema sencillo de tipo "cinquain". Vea el siguiente modelo y las instrucciones para escribir un "cinquain" en la página 11. Luego escriba un "cinquain" sobre **uno** de los siguientes temas: el soldado, la fama, la violencia doméstica.

Modelo: Felisa
Amarga, miserable
Recordar, sufrir, llorar
Soy poetisa, soy actriz
Fracaso

Capítulo 2
"Con los ojos cerrados"
Reynaldo Arenas

Sobre la lectura

El siguiente cuento es del novelista y cuentista cubano, Reynaldo Arenas (1943-1990). Después de una niñez pobre bajo la dictadura de Fulgencio Batista, se unió a la Revolución cubana. Fue escritor autodidacta (self-taught) que luego, por causa de sus conexiones personales y disidencia intelectual, fue denominado "peligro social" y "contrarrevolucionario". Por esta razón fue encarcelado y torturado por la policía. Por fin en 1980, salió de Cuba con otros 125.000 "marielitos" para los Estados Unidos, donde se suicidió en Nueva York en 1990.

Entre sus obras más importantes se encuentran las novelas El mundo alucinante, que fue prohibido por contrarrevolucionaria, y Otra vez el mar, cuyo manuscrito el autor escondió para protegerlo, y que fue encontrado por las autoridades y re-escrito por el autor tres veces. En 2001, salió una película sobre la vida de Arenas, *Before night falls*, basada en su autobiografía titulada Antes que anochezca. .El cuento que va a leer, "Con los ojos cerrados", trata de un niño que, para escaparse de las realidades difíciles que lo rodean, cierra los ojos y se imagina un mundo mejor. Mientras lo lea, trate de ponerse en el lugar del niño y de visualizar el mundo imaginario que él crea.

Antes de leer

A. Para discutir Converse sobre las siguientes preguntas en grupos pequeños.

1. ¿A veces sueña despierto/a? ¿En qué circunstancias?

2. ¿Cómo era Ud. de niño/a? ¿Era muy imaginativo/a, travieso/a, simpático/a, cruel? ¿Cómo era en comparación con otros niños de su misma edad? Explique.

3. Si Ud. fuera un niño y viera las siguientes escenas, ¿cómo reaccionaría? : un gato muerto, unas personas pidiendo dinero en la calle, una rata en un río. ¿Cómo cree que reaccionaría la mayoría de los niños a esas escenas?

B. Vocabulario en contexto El cuento usa muchos adjetivos formados de los participios pasados, como sentado, muerto, parado, etc. Encuentre los siguientes adjetivos en el texto, indique cuál es su raíz verbal, a qué sustantivo modifica el adjetivo y qué significa.

	raíz verbal	sustantivo modificado	significado
Me tropecé con un gato que estaba *acostado* en la acera.			

Pero no se movió y vi que (el gato) estaba *muerto*.			
En esta dulcería hay también dos viejitas *paradas* en la puerta…			
…con…las manos *extendidas* pidiendo limosnas (alms).			
…puse otros dos medios en aquellas manos *arrugadas*…			
…un grupo de muchachos tenía *rodeada* una rata de agua…			
Pero la rata *muerta* no se hundió…			
Se puede caminar hasta con los ojos *cerrados* y hasta mejor que si los tiene *abiertos*.			

C. **Visualización** Mientras lea, en cuanto aparezcan los siguientes personajes en la lectura, trate de visualizar su apariencia física y los rasgos de su personalidad.

● El protagonista, un niño

● La madre

● La tía Grande Ángela (como se presenta al principio y como se ve con los ojos cerrados)

● El gato (como se presenta al principio y como se ve con los ojos cerrados)

● Los niños que torturan la rata (como se presentan al principio y como se ven con los ojos cerrados)

● Las viejitas (como se presentan al principio y como se ven con los ojos cerrados)

"Con los ojos cerrados"

 VERIFICAR

A usted sí se lo voy a decir, porque sé que si se lo cuento a usted, no me va a reír en la cara ni me va a regañar. Pero a mi madre no. A mamá no le diré nada, porque si lo hiciera yo, ella no dejaría de pelearme y de regañarme. Y, aunque es casi seguro que ella tendría la razón, no quiero oír ningún consejo ni advertencia.

Por eso. Porque sé que usted no me va a decir nada, se lo digo todo.

Ya que solamente tengo ocho años voy todos los días a la escuela. Y aquí empieza la tragedia, pues debo levantarme bien temprano —cuando el gallo que me regaló la tía Grande Ángela sólo ha cantado dos veces— porque la escuela está bastante lejos.

A eso de las seis de la mañana empieza mamá a pelearme para que me levante y ya a las siete estoy sentado en la cama y estrujándome los ojos.[1] Entonces todo lo tengo que hacer corriendo: ponerme la ropa corriendo, llegar corriendo hasta la escuela y entrar corriendo en la fila pues ya han tocado el timbre y la maestra está parada en la puerta.

Pero ayer fue diferente ya que la tía Grande Ángela debía irse para Oriente y tenía que coger el tren antes de las siete. Y se formó un alboroto[2] enorme en la casa. Todos los vecinos vinieron a despedirla, y mamá se puso tan nerviosa que se le cayó la olla[3] con el agua hirviendo en el piso cuando iba a pasar el agua por el colador para hacer el café, y se le quemó un pie.

Con aquel escándalo tan insoportable no me quedó más remedio que despertarme.

Y, ya que estaba despierto, pues me decidí a levantarme.

La tía Grande Ángela, después de muchos besos y abrazos, pudo marcharse. Y yo salí en seguida para la escuela, aunque todavía era bastante temprano.

¡A verificar!

¿Quién(es)? ¿Dónde? ¿Qué pasó?

Hoy no tengo que ir corriendo, me dije casi sonriente. Y eché a andar bastante despacio por cierto. Y cuando fui a cruzar la calle me tropecé[4] con un gato que estaba acostado en el contén[5] de la acera. Vaya lugar que escogiste[6] para dormir —le dije—, y lo toqué con la punta del pie. Pero no se movió. Entonces me agaché[7] junto a él y pude comprobar que estaba muerto. El pobre, pensé, seguramente lo arrolló[8] alguna máquina, y alguien lo tiró en ese rincón para que no lo siguieran aplastando. Qué lástima, porque era un gato grande y de color amarillo que seguramente no tenía ningún deseo de morirse. Pero bueno: ya no tiene remedio. Y seguí andando.

Como todavía era temprano me llegué hasta la dulcería, porque aunque está lejos de la escuela, hay siempre dulces frescos y sabrosos. En esta dulcería hay también dos viejitas de pie en la entrada, con una jaba[9] cada una, y las manos extendidas, pidiendo limosnas... Un día yo le di un medio[10] a cada una, y las dos me dijeron al

---

[1] Estrujándome...rubbing my eyes
[2] uproar
[3] pot

[4] tripped
[5] curb
[6] Vaya...what a place to pick
[7] bent down
[8] ran over
[9] bag
[10] small coin

mismo tiempo: «Dios te haga un santo». Eso me dio mucha risa y cogí y volví a poner otros dos medios entre aquellas manos tan arrugadas y pecosas[11]. Y ellas volvieron a repetir «Dios te haga un santo», pero ya no tenía tantas ganas de reírme. Y desde entonces, cada vez que paso por allí, me miran con sus caras de pasas[12] pícaras[13] y no me queda más remedio que darles un medio a cada una. Pero ayer sí que no podía darles nada, ya que hasta la peseta de la merienda[14] la gasté en tortas de chocolate. Y por eso salí por la puerta de atrás, para que las viejitas no me vieran.

Ya sólo me faltaba cruzar el puente, caminar dos cuadras y llegar a la escuela.

En ese puente me paré un momento porque sentí una algarabía[15] enorme allá abajo, en la orilla del río. Me asomé por[16] la baranda y miré: un coro de muchachos de todos tamaños tenían acorralada una rata de agua en un rincón y la acosaban[17] con gritos y pedradas. La rata corría de un extremo a otro del rincón, pero no tenía escapatoria y soltaba unos chillidos[18] estrechos y desesperados. Por fin, uno de los muchachos cogió una vara de bambú y golpeó con fuerza sobre el lomo de la rata, reventándola[19]. Entonces todos los demás corrieron hasta donde estaba el animal y tomándolo, entre saltos y gritos de triunfo, la arrojaron hasta el centro del río. Pero la rata muerta no se hundió. Siguió flotando boca arriba hasta perderse en la corriente.

---

[11] freckled
[12] raisins
[13] traviesas
[14] peseta…lunch money
[15] clamor
[16] me…I peeked over
[17] molestaban
[18] squeals
[19] crushing it

Los muchachos se fueron con la algarabía hasta otro rincón del río. Y yo también eché a andar.

¡A verificar!

¿Quién(es)? ¿Dónde? ¿Qué pasó?

Caramba —me dije—, qué fácil es caminar sobre el puente. Se puede hacer hasta con los ojos cerrados, pues a un lado tenemos las rejas que no lo dejan a uno caer al agua, y del otro, el contén de la acera que nos avisa antes de que pisemos la calle. Ya para comprobarlo cerré los ojos y seguí caminando. Al principio me sujetaba con una mano a la baranda del puente, pero luego ya no fue necesario. Y seguí caminando con los ojos cerrados. Y no se lo vaya usted a decir a mi madre, pero con los ojos cerrados uno ve muchas cosas, y hasta mejor que si los lleváramos abiertos... **Lo primero que vi fue una gran nube amarillenta que brillaba unas veces más fuerte que otras, igual que el sol cuando se va cayendo entre los árboles. Entonces apreté los párpados[20] bien duros y la nube rojiza se volvió de color azul. Pero no solamente azul, sino verde. Verde y morada. Morada brillante como si fuera un arco iris de esos que salen cuando ha llovido mucho y la tierra está casi ahogada[21].**

Y, con los ojos cerrados, me puse a pensar en las calles y en las cosas; sin dejar de andar. Y vi a mi tía Grande Ángela saliendo de la casa. Pero no con el vestido de bolas rojas que es el que siempre se pone cuando va para Oriente, sino con un vestido largo y blanco. Y de tan alta que es parecía

---

[20] eyelids
[21] soaked

un palo de teléfono envuelto en una <u>sábana</u>. Pero se veía bien.

Y seguí andando. Y me tropecé de nuevo con el gato en el contén. Pero esta vez, cuando lo toqué con la punta del pie, dio un salto y salió corriendo. Salió corriendo el gato amarillo brillante porque estaba vivo y se asustó cuando lo desperté. Y yo me reí muchísimo cuando lo vi desaparecer, con el lomo erizado[22] que parecía soltar chispas[23].

Seguí caminando, con los ojos desde luego bien cerrados. Y así fue como llegué de nuevo a la dulcería. Pero como no podía comprarme ningún dulce pues ya me había gastado hasta la última peseta de la merienda, me conformé con[24] mirarlos a través de la vidriera. Y estaba así mirándolos, cuando oigo dos voces detrás del mostrador que me dicen: «¿No quieres comerte algún dulce?» Y cuando levanté la cabeza vi que las dependientes eran las dos viejitas que siempre estaban pidiendo limosnas a la entrada de la dulcería. No supe qué decir. Pero ellas parece que adivinaron mis deseos y sacaron, <u>sonrientes</u>, una torta grande y casi colorada hecha de chocolate y de almendras. Y me la pusieron en las manos.

Y yo me volví loco de alegría con aquella torta tan grande y salí a la calle.

Cuando iba por el puente con la torta entre las manos, oí de nuevo el escándalo de los muchachos. Y (con los ojos cerrados) me asomé por la baranda del puente y los vi allá abajo, nadando apresurados hasta el centro del río para salvar una rata de agua, pues la pobre parece que estaba enferma y no podía nadar.

Los muchachos sacaron la rata temblorosa del agua y la depositaron sobre una piedra en la orilla para que se oreara[25] con el sol. Entonces los fui a llamar para que vinieran hasta donde yo estaba y comernos todos juntos la torta de chocolate, pues yo solo no iba a poder comerme aquella torta tan grande.

¡A verificar!

¿Quién(es)? ¿Dónde? ¿Qué pasó?

Palabra[26] que los iba a llamar. Y hasta levanté las manos con la torta y todo encima para que la vieran y no fueran a creer que era mentira lo que les iba a decir, y vinieron corriendo. Pero entonces, «puch», me pasó el camión casi por arriba en medio de la calle que era donde, sin darme cuenta, me había parado.

Y aquí me ve usted: con las piernas blancas por el esparadrapo[27] y el yeso[28]. Tan blancas como las paredes de este cuarto, donde sólo entran mujeres vestidas de blanco para darme un pinchazo[29] o una pastilla también blanca.

Y no crea que lo que le he contado es mentira. No vaya a pensar que porque tengo un poco de fiebre y a cada rato me quejo del dolor en las piernas, estoy diciendo mentiras, porque no es así. Y si usted quiere comprobar si fue verdad, vaya al puente, que seguramente debe estar todavía, toda desparramada[30] sobre el asfalto, la torta grande y casi colorada, hecha de chocolate y almendras, que me regalaron sonrientes las dos viejitas de la dulcería.

---

[22] bristled
[23] sparks
[24] me…I resigned myself to
[25] dry
[26] I swear
[27] stincking plaster
[28] cast
[29] jab (shot)
[30] scattered

Después de leer

A. Comprensión

Paso 1: Conteste las siguientes preguntas, según el cuento.

1. ¿Quién es el narrador? ¿Cuántos años tiene? ¿Dónde está?
2. ¿Por qué se levantó temprano ese día? ¿Qué decidió hacer?
3. ¿Qué fue la primera cosa que encontró el niño en su camino?
4. ¿Por qué normalmente les daba limosnas a las viejitas el niño?
5. ¿Les dio limosnas ese día en particular? ¿Por qué?
6. ¿Qué vio debajo del puente?
7. ¿Por qué empezó el niño a caminar con los ojos cerrados?
8. ¿Qué "ve" con los ojos cerrados?
9. ¿Por qué cree Ud. que el niño tiene las fantasías que tiene?
10. ¿Qué le pasó al niño al final?

Paso 2: Con un/a compañero/a vuelva a la lista de personajes que se encuentra en **Antes de leer**. Juntos escriban una lista de palabras o expresiones (pueden ser adjetivos, sustantivos o verbos) que asocian con cada personaje.

Paso 3: Complete las siguientes oraciones como si Ud. fuera el niño. Comparta sus oraciones con un compañero/una compañera.

1. No me gusta levantarme por la mañana porque…
2. Vi varias cosas tristes camino a la escuela. Por ejemplo…
3. Estoy seguro que Uds. encontrarán la torta de chocolate en el puente, pero mi mamá …

Paso 4: En grupos de cuatro, escriban una ficha con nueve palabras clave que puedan utilizar para hacer un breve resumen de (1) lo que vio el niño camino a la escuela o de (2) lo que vio con los ojos cerrados. Luego, en parejas, preparen los resúmenes.

Con los ojos cerrados

B. Reacciones y recomendaciones

Paso 1 Reaccione a estos eventos del texto, usando una de las reacciones a continuación u otra de su preferencia. Explique su reacción, usando un conector apropiado, siguiendo el modelo.

Es triste que	Qué interesante que	Qué malo/bueno que
No creo que	Qué lástima que	

Modelo El niño y su madre no tienen una buena relación
Qué pena que el niño y su madre no tengan una buena relación porque es obvio que el niño la necesita.

1. El niño tiene que levantarse bien temprano todos los días.
2. Las viejas sentadas en la puerta de la dulcería piden limosnas todos los días.
3. Otros niños torturan una rata.
4. El niño cierra los ojos y fantasea con un mundo mejor.
5. Al final, aprendemos que el niño está en el hospital.
6. El niño no quiere decirle la verdad a su mamá.

Paso 2: Desafío. Reaccione a estos eventos en el pasado, siguiendo el modelo.

Modelo El niño no le dijo la verdad a su mamá.
Es malo que no le dijera la verdad porque la comunicación es importante entre padres e hijos.

1. A la mamá se le cayó una olla.
2. El niño encontró un gato muerto.
3. El niño no pudo darles limosna a las viejitas porque no tenía dinero.
4. La rata no podía escaparse de los niños malos y se murió.
5. En la fantasía del niño, las viejitas trabajaban en la dulcería.
6. Al final, un camión casi le pasó por encima al niño.

C. ¡A dramatizar! Con un compañero/una compañera escoja una de las siguientes situaciones. Imaginen una conversación entre los personajes y luego dramatícenla para la clase.

Situación 1: Después de escuchar el cuento del niño, la enfermera conversa cariñosamente con él sobre los problemas que tiene con su madre.

Papel de la enfermera: Ud. le tiene mucho cariño al niño y quiere ayudarlo. Ofrézcale consejos sobre cómo mejorar su relación con su madre.

Papel del niño: Ud. conoce muy bien el carácter de su madre y no tiene esperanza de cambiar su relación con ella. Explíquele a la enfermera que su madre es muy exigente y es poco tolerante de cualquier travesura.

Situación 2: Una de las dos viejitas que está siempre a la puerta de la dulcería conversa con el niño sobre su vida como limosnera (beggar).

Papel de la viejita: Ud. le habla al niño sobre cómo vivía antes, qué cosas hacía, cómo era su situación económica.

Papel del niño: Ud. interviene en la conversación para reaccionar, sugerir y recomendar a la limosnera cómo salir de su situación económica.

D. Hacia el análisis literario *La trama*

La trama de una narrativa tiene seis elementos. *La exposición* es la introducción, los elementos para entender la narración, tales como la descripción del ambiente, la presentación de los personajes, la orientación al tiempo y el lugar, etc. *El desarrollo* sigue las acciones y los motivos de los personajes. *El suspenso* representa la tensión dramática, anima al lector a seguir leyendo. *El punto decisivo* es un momento—una acción, una decisión o una revelación—cuyas consecuencias cambian el desarrollo y empiezan a llevar la acción hacia su final. *El clímax* es el momento de más tensión dramática, el resultado del punto decisivo. *El desenlace* narra el final de la acción, o sea los resultados del clímax.

Repase "Con los ojos cerrados" e identifique las partes de la trama. Escriba un pequeño resumen de cada parte e indique dónde empieza y dónde termina en el texto.

Elemento	Descripción	Lugar en el texto
La exposición		
El desarrollo		
El suspenso		
El punto decisivo		
El climax		
El desenlace		

D. **Los puntos clave en contexto** Escriba dos o tres oraciones para cada meta comunicativa. Preste atención a los puntos gramaticales que debe utilizar para hacer oraciones precisas.

 1. Describa al niño. Justifique su descripción con ejemplos textuales.

 2. Compare al niño con otros niños de su edad. ¿Es un niño normal?

 3. El niño cierra los ojos y recurre a la fantasía para evitar las cosas negativas alrededor suyo. Dele consejos de algo concreto que podría hacer para mejorar cada una de las siguientes circunstancias. Use diferentes palabras de recomendación (recomiendo que, sugiero que, es necesario que, etc.)

        a. la relación con su madre
        b. la vida de la tía Ángela
        c. la situación de las dos viejitas
        d. el abuso de los niños hacia la rata
        e. su estadía (stay) en el hospital

 4. ¿Cree Ud. que el niño tenía una vida fácil? Explique su opinión.

 5. La actitud del niño hacia las viejitas que piden limosna parece ser positiva. Aunque tiene muy poco dinero, comparte lo que pueda con ellas. ¿A Ud. le molesta la gente que pida limosna en la calle? ¿Le gusta darles dinero? ¿Le interesa saber cómo llegaron a tener que pedir limosna?

 6. ¿Si Ud. fuera un niño pequeño y tuviera que pasar mucho tiempo en el hospital, ¿qué haría para pasar el tiempo?

 7. ¿Cómo será este niño de adulto? Use ejemplos del cuento para justificar su respuesta.

F. El editor exigente Un editor lee el cuento y pide algunos cambios. Vuelva a escribir una de las siguientes secciones según las sugerencias del editor, manteniendo el tono general del cuento.

1. "Me gusta la parte sobre los muchachos con la rata, pero me gustaría saber más de cómo son los muchachos (su apariencia física, la ropa que llevan, etc.) y su estado de ánimo. Descríbalos con más detalles y haga una comparación de dos de los muchachos mayores".

2. "Ud. me dejó en el aire en cuanto a la relación del niño con su madre. Escriba un último párrafo que diga qué pasó con ellos al final, cómo reaccionó la madre, si el niño en algún momento le dijo la verdad, si se llevan mejor, etc."

G. ¡A conversar! En grupos pequeños, discutan los siguientes temas.

1. El protagonista imagina un mundo de gente amable y generosa y su visión o fantasía lo llena de alegría. El niño dice, "con los ojos cerrados uno ve muchas cosas y hasta mejor que si los tiene abiertos". ¿Está Ud. de acuerdo con esta observación? ¿Piensa Ud. que los pensamientos positivos puedan afectar la realidad existente? Explique su respuesta.

2. Una técnica que usan algunos psicólogos para ayudar a sus clientes a realizar sus metas personales es la "visualización creativa". El/la paciente imagina lo que pasará en una situación dada y repite en su mente la realización positiva de su meta varias veces hasta que haya vencido el miedo para enfrentarse con dicha situación. Comparta con un compañero/una compañera una situación muy difícil, triste o negativa que Ud. tendrá que enfrentar en el futuro. Su compañero/a le dirá lo que Ud. hará paso a paso para salir bien en la situación. Trate de visualizar los pasos y el resultado positivo que su compañero/a sugiere. Luego, escuche la situación de su compañero/a y dígale los pasos que seguirá para salir bien.

H. Yo poeta A ver cuán creativo/a es Ud. Puede trabajar en parejas o solo/a para crear un poema sencillo de tipo "cinquain". Vea el siguiente modelo y las instrucciones para escribir un "cinquain" en la página 11. Luego escriba un "cinquain" sobre **uno** de los siguientes temas: la niñez, las travesuras infantiles, la fantasía

Modelo: Las viejitas
              Pobres mujeres
              Pidiendo, esperando, agradeciendo
              No es la vida que esperaban
              Limosneras

Capítulo 2

Tiempo muerto
(selección)
Avelino Stanley

Sobre la lectura

Avelino Stanley nació en la Romana, República Dominicana, en el año 1959. Este escritor afro-dominicano es una de las voces más importantes de la narrativa dominicana contemporánea. Ha publicado una gran variedad de novelas y cuentos. Entre sus obras pueden mencionarse las novelas Equis (1986) y Catedral de la libido (1994) y las colecciones de cuentos Cuentos (1988) y La máscara del tiempo (1996). La siguiente lectura es una selección de la novela Tiempo muerto con la que el autor obtuvo el Premio Nacional de la Novela en su patria, en 1997.

En Tiempo muerto Avelino Stanley narra las vivencias y sufrimientos de los *cocolos* (que en esa época era una denominación despectiva) en el entorno del ingenio azucarero (*sugar cane plantation*) y especialmente describe aspectos de su vida durante el *tiempo muerto*, es decir, en el tiempo posterior al corte de la caña. La novela nos presenta la riqueza cultural de esta comunidad, cuyas lengua, música, costumbres y prácticas religiosas los distinguen. La siguiente selección es el capítulo con el que concluye la novela. Aquí se describe el funeral de uno de los personajes principales, Raymond Smith, o papabuelo.

Nota histórico-cultural

Hacia finales del siglo XIX y principios del XX la República Dominicana disfrutaba de una floreciente industria azucarera. Esta industria representó una oportunidad de trabajo para muchos hombres y mujeres negros procedentes de las Antillas de habla inglesa, como St. Kitts y St. Thomas. Con el propósito de probar suerte y empezar una nueva vida, inmigraron a esta isla caribeña de habla hispana. En su inevitable proceso de adaptación, crearon una nueva cultura "cocola" que combinaba tradiciones de las islas anglocaribeñas y elementos de su nuevo país hispanoparlante.

Antes de leer

A. **Para discutir** Converse sobre las siguientes preguntas en grupos pequeños.

1. ¿Qué acciones o emociones asocia Ud. con las palabras "tiempo muerto"?

2. ¿Cómo podrá ser la vida en un lugar durante el tiempo muerto?

3. ¿Qué ceremonias o rituales relaciona Ud. con un funeral?

4. ¿Qué emociones asocia Ud. con la muerte de una persona querida?

34

B. **Vocabulario en contexto** Decida el significado de cada palabra o frase subrayada según el contexto.

1. "Póngase fuerte porque aquí hay mucha gente".
   a. Demuestre valor.
   b. Coma más.
   c. Cuídese de la gente.

2. "Ingresó como miembro de esta comunidad en septiembre de 1935."
   a. nació
   b. trabajó
   c. entró

3. "…reunieron a los de la banda y están de lo más acompasados a pesar de todo el tiempo que hacía que no tocaban."
   a. tocan muy mal
   b. tienen buen ritmo
   c. tienen mucha energía

4. "Dicen que él mandó a parar el turno de por la mañana para que los trabajadores pudieran venir al entierro".
   a. Dio la autorización para que no trabajaran
   b. No le gusta trabajar
   c. No quiere participar.

5. "Se lo digo para que cuando lo sepa siga así; para que no se ponga mala".
   a. no pierda el control de sus emociones.
   b. no sea mala gente.
   c. rompa algo.

6. "Van rumbo al panteón de la sociedad."
   a. en dirección a
   b. bailando en
   c. a limpiar el

7. "Lloremos porque así nos desahogamos de todo lo que hemos pasado en todos estos días.
   a. celebramos
   b. recordamos
   c. nos aliviamos

C. **Visualización** En cuanto aparezcan los siguientes personajes en la lectura, trate de visualizar su apariencia física y los rasgos de su personalidad.

● Mariíta, la nieta   ● mamabuela   ● papabuelo

Tiempo muerto

 VERIFICAR

--Mamá, usted sabe que aquí en la sociedad[1] no se puede llorar. Cállese, que está interrumpiendo el canto y a los que hablan.

--Lo sé; pero es muy difícil. Es muy duro. Tantas veces que vine con él aquí; y ahora he vuelto; pero para hacerle su despedida[2]. Verlo ahí, en una caja, es duro, es muy duro mi hija.

--Conformidad. Conformidad. Hay que conformarse con las cosas de Dios.

--¿Dónde está Mariíta? Tráiganme a Mariíta. Tráiganla cerca de mí, que teniéndola cerca siento la presencia viva de él. Búsquenla.

--Mamá, yo estoy aquí.

--Ay, mi hija. Eres mi nieta más grande; pero realmente eres mi hija más pequeña. Porque te crié como a las otras. Él y yo te criamos con tanto cariño. Él consintiéndote[3] todo y yo diciéndole que no te criara así porque te iba a hacer daño[4]. Que va. Te crió así y no te hizo ningún daño, porque nunca fuiste <u>malcriada</u> con nadie. Te enseñó también a ser buena.

--Mamá, ya cállese, que va a comenzar la otra ceremonia.

--Mariíta, ayúdala a que se calle.

--Mamá. Mamabuela, baje la voz; Si quiere siga hablando; pero bajito, bien bajito, que sólo oigamos usted y yo. Que sólo se oiga usted misma.

--Sí, mi hija.

¡A verificar!

¿Quién(es)? ¿Dónde? ¿Qué pasó?

--Queridos hermanos y hermanas. Estamos reunidos aquí por un motivo de tristeza. Un hermano ha muerto. Fue un hermano que dio mucho por esta comunidad. Ingresó como miembro de esta sociedad en septiembre de 1935. Desde entonces, se dedicó con entrega al...

--Está bien, ya, ya mamabuela; Vamos a hacer una cosa. Cierre los ojos. Ciérrelos lentamente, que yo le voy a ir contando todo lo que hagan. Sí. ¿Usted está oyendo la canción? Óigala; es en inglés; usted la entiende[5]. Ahora se le están acercando todas las mujeres. Están vestidas totalmente de blanco. Ya están todas. Ahora vienen los hombres. Usted oye que no paran de cantar. Siguen. Ya lo van a sacar. Se están poniendo en fila. Van saliendo las mujeres y los hombres vestidos de blanco. Vamos, vamos. Camine tranquila, mamabuela, que nos vamos para el cementerio. Las tías dicen que si usted se sigue poniendo mal, la van a llevar para la casa; que no la van a dejar ir al cementerio. Pero usted no se

---

[1] Here, refers to the cultural and religious association that unites the workers of the sugar cane plantation
[2] farewell
[3] spoling you
[4] harm

[5] Acuérdese de que los primeros trabajadores vinieron de las Antillas inglesas y hablaban inglés. Por eso, preservan algunas canciones en inglés, las cuales la abuela entiende pero la nieta, de la segunda generación nacida en la República Dominicana, no.

Porque usted y yo tenemos que ir con él hasta el cementerio. Vamos a ir así, como todos, caminando. Que el cementerio no está lejos. Póngase fuerte porque aquí hay mucha gente.

--¿Quiénes están, mi hija, quiénes están?

--Los que van alante[6] son los miembros de la sociedad; las mujeres y los hombres. Van en fila vestidos de blanco. Llevan espadas[7] de madera en las manos. Los demás, adelante, llevan la banderola[8] de la sociedad. Detrás de ellos va la banda de música. Ellos están tocando la música que usted está escuchando. Allá alcanzo a[9] ver al administrador del ingenio. Anda con dos o tres más. Dicen que él mandó a parar el turno[10] de por la mañana para que los trabajadores pudieran venir al entierro[11]. Camine, mamá camine; venga por aquí, siga caminando que le voy a seguir diciendo todo lo que está pasando. El ataúd[12] viene en el *catafá*[13]. La sociedad usó el que tenía de reliquia. Lo revisaron bien y lo echaron a andar. Vino un cochero de San Pedro de Macorís para conducirlo. Trajo hasta su caballo para tirarlo[14]. Venga, mamabuela, siga armándose de valor y deje ese quejido[15].

¡A verificar!

¿Quién(es)? ¿Dónde? ¿Qué pasó?

---

[6] adelante, en frente
[7] swords
[8] standard
[9] puedo
[10] shift
[11] burial
[12] casket
[13] carro fúnebre
[14] pull it
[15] whimpering

¿Usted no está oyendo la música? Claro, sí, que reunieron los de la banda y están de lo más acompasados a pesar de todo el tiempo que hacía que no tocaban. ¡Ay, mamabuela, si usted pudiera ver cuánta gente! Yo creo que toda la gente que vive en el ingenio viene detrás de nosotras. ¿Usted sabe a quién alcancé a ver? Se va a animar cuando se lo diga. Alcancé a ver por ahí atrás a Jacob. Viene junto con las tías. También vino con esa mujer, la socióloga que vive con él. El sol quema, ¿verdad mamabuela? No se preocupe, que con esta sombrilla[16] que nos prestaron la voy a cubrir bien. Ya hemos avanzado bastante. No estamos tan lejos. Mire, ya se alcanzan a ver las cruces[17] del cementerio. Se lo digo para que cuando lo sepa siga así; para que no se ponga mala. Ahora sí, mamabuela, ahora sí usted va a ver. Ahora que hemos doblado mire para allá, mire cuánta gente a pie, en motocicleta, en vehículos. Parece que todo el pueblo vino a dar este adiós como si se tratara del último de los *cocolos*. ¿Usted ve cómo se ha desbordado[18] toda la gente del ingenio? Es que a papabuelo lo querían mucho. Nunca le hizo daño a nadie y lo conocía tanta gente. Camine, mamabuela, que ya casi llegamos. Venga por aquí, sí, por aquí. Mire, ya el *catafá* se viene acercando. Van rumbo al panteón de la sociedad. Era el último nicho que quedaba vacío. ¡Ay, qué pena, el pobre papabuelo! Bueno, venga, mamabuela, póngase por aquí, venga, abráceme, apóyese de mí y llore; llore ahora todo lo que usted quiera; presiento que yo también voy a llorar. Lloremos juntas para que él sienta nuestro amor de cerca

---

[16] parasol
[17] crosses
[18] overflowed

por última vez. Porque después vamos a
seguir llorándolo; aunque de lejos.
Lloremos porque así nos desahogamos[19]
de todo lo que hemos pasado en todos
estos días. ¡Ay, abuela, qué dolor tan
grande este que sentimos! Ya están
terminando de sellar[20] el nicho. Se va el
catafá. También se va la banda de
música. Camine, tenemos que volver a la
casa. Oiga, van tocando la misma pieza;
pero ahora en un ritmo más rápido. Es el
toque auténtico de la vieja costumbre
cocola. Es una música viva aunque
siempre evoque al sufrimiento de nuestra
raza negra. Es posible que ésta sea la
última vez que se toque. Desde hoy sólo
quedará en la memoria del último
descendiente. Estamos llorando,
mamabuela, porque el dolor es muy
profundo. Es como si estuviéramos
sintiendo todo el dolor de esta etnia que
por tanto tiempo sufrió durante cada una
de las zafras[21]. Y también, con mayor
rigor, cada vez que llegaba el tiempo
muerto.

¡A verificar!

¿Quién(es)? ¿Dónde? ¿Qué pasó?

---

[19] unbosom ourselves
[20] seal
[21] reaping of the sugar cane

Después de leer

A. Comprensión

Paso 1: Conteste las siguientes preguntas, según la lectura.

1. ¿Por qué no se puede llorar en la sociedad?
2. ¿Quién es Mariíta? ¿Qué palabra usa para dirigirse a su abuela?
3. ¿Dónde están los personajes? ¿Cuál es la ocasión?
4. ¿Qué relación tienen las mujeres que aquí conversan con la persona que murió?
5. ¿Por qué la nieta decide contarle lo que pasa mientras la abuela cierra los ojos?
6. Describa por lo menos tres (3) de los rituales que se practican en este funeral.
7. ¿Funciona bien el *catafá*? ¿Cómo lo sabe?
8. ¿Qué importancia tiene el hecho de que la sociedad use el *catafá* que tiene de reliquia? ¿Qué comentario hace sobre el papel que ocupaba el personaje en la sociedad y la comunidad cocola?
9. ¿Con qué propósito la nieta le pide a su abuela que abra los ojos?
10. En su opinión, ¿qué significan las últimas frases de la lectura?

Paso 2: Con un compañero/una compañera vuelva a los personajes que se encuentran en **Antes de leer**. Juntos escriban una lista de palabras o expresiones que asocian con cada personaje. Pueden ser adjetivos, sustantivos o verbos.

Paso 3: Complete las siguientes oraciones como si Ud. fuera Mariíta. Comparta sus oraciones con un compañero/una compañera.

1. Mi abuela está muy triste porque…
2. Si ella sigue llorando tanto, mamá va a mandarla a casa. Pero yo…
3. Es obvio que la gente de la sociedad,…

Paso 4: En grupos de cuatro, escriban una ficha con nueve palabras clave que puedan utilizar para hacer un breve resumen del texto de Stanley. Luego en parejas preparen el resumen como si fuera un reportaje sobre el funeral que salió en un periódico dominicano.

> *Tiempo muerto*

39

B. Reacciones, recomendaciones y mandatos

Paso 1: La abuela de Mariíta llora desconsoladamente y no acepta la muerte de su esposo. Mariíta tiene una relación muy estrecha con su abuela y se preocupa mucho por ella. Pero una de sus primas, Cecilia, tiene menos paciencia y hoy está un poco irritable e intolerante y se queja a su tía. Complete el diálogo con la forma verbal apropiada de los verbos entre paréntesis.

Cecilia: Estoy harta de que mamabuela _____ (llorar) todo el tiempo.

Tía: Entiendo tus quejas sobrina, pero te ruego que la _____ (apoyar) y que _____ (ser) un poco más comprensiva con ella.

Cecilia: ¡Ay tía! Sugiero que _____ (compartir) un día completo con abuela. Si lo haces vas a comprobar que está insoportable.

Tía: No me gusta que _____ (hablar) así de tu abuela. Mira Cecilia, en estos momentos difíciles yo prefiero que nosotras _____ (mantener) la unidad familiar. Recomiendo que por el momento todos _____ (acostumbrarse) a la tristeza de la abuela.

Paso 2: La abuela continúa extrañando muchísimo al abuelo. Ordénele a Mariíta a hacer por lo menos cinco cosas para animarla. Use los siguientes verbos: casarse, salir, quejarse, pelearse, abusar, ser

1. ¡No _____!   4. ¡_____!

2. ¡_____!   5. No _____ ¡

6. ¡No _____!

C. ¡A dramatizar!
En parejas, dramaticen una de las siguientes situaciones. Es necesario que considere el contexto de la lectura.

Situación 1: Dos de los compañeros de trabajo que fueron al funeral del abuelo comentan la ceremonia.

Papel del primer compañero/de la segunda compañera: Ud. critica todo lo que se hizo durante la ceremonia. Hable sobre lo que querrá que se haga cuando Ud. se muera.

Papel del segundo compañero/de la segunda compañera: Ud. lamenta la pérdida de los rituales tradicionales. Hable sobre cómo serán los funerales en el futuro si los jóvenes no hacen nada para preservar la tradición. Sea pesimista.

Situación 2: El papabuelo ha dejado su reloj a uno de sus nietos mayores pero el hermano de Mariíta cree que su abuelo debió haberle dejado a él el reloj porque siempre fue su nieto preferido.

Papel del nieto preferido: Ud. expresa su profunda tristeza sobre la pérdida de su abuelo. Habla con su primo para pedirle que le dé ese pequeño recuerdo de su abuelo. Reaccione a lo que Ud. considera su egoísmo y pida que tome en cuenta los deseos y sentimientos de Ud.

Papel del nieto mayor: Ud. es una persona muy testaruda y poco generosa. Reaccione con desprecio (disdain) al pedido de su primo y dígale por qué es su derecho poseer el reloj del abuelo.

D. Hacia el análisis literario *Género, etnicidad y clase*

El género, la etnicidad y la clase son categorías que marcan de manera profunda la identidad del individuo. Juntos con otros elementos (tales como la sexualidad, la religión y la edad) tienen una influencia determinante en cómo el sujeto percibe, experimenta e interactúa con el mundo. Mucho se ha escrito sobre la importancia de estas categorías en la literatura y son términos muy amplios y complicados pero a modo de introducción, podemos empezar a definirlos de la siguiente manera:

a) El *género* es se refiere al papel social del hombre y de la mujer. Difiere de la categoría biológica que es el sexo, ya que implica toda una serie de elementos que la sociedad asocia con lo masculino y lo femenino.

b) La *etnicidad* implica la identificación del individuo con cierto grupo que comparte una historia, una lengua, unas costumbres y, a menudo, una religión, entre otros elementos culturales.

c) La clase social se refiere a la situación socio-económica del sujeto y a menudo se asocia con cierto nivel de educación, ciertas ocupaciones laborales, cierto poder adquisitivo (*buying power*) y el nivel de acceso al poder gubernamental, social y económico. A menudo, cuando se define esta categoría, se habla de 1) la clase obrera o trabajadora, 2) la clase media, 3) la clase media-alta, 4) la clase alta o dominante.

A base de esta breve, e incompleta, introducción a estas categorías, pensemos en cómo funcionan en la selección que acaba de leer.

1. ¿Qué importancia tiene que los personajes que narran y comentan el funeral sean mujeres? ¿Qué nos dice su diálogo sobre la posición de la mujer dentro de esta comunidad? ¿Qué nos dice sobre el pasado y el posible futuro de la comunidad el hecho de que sean la abuela y la nieta los enfoques de esta narración?

2. ¿Cuál es la etnicidad de la comunidad que se presenta en esta narración? ¿Qué elementos de la narración se asocian con la etnicidad de los personajes? ¿Cuándo se habla directamente sobre la etnicidad y sobre las preocupaciones de la comunidad étnica?

3. ¿Cuál es la clase social de los personajes? ¿Qué elementos de la narración indican su clase social? ¿Se nota algún orgullo de clase en este texto? Explique su respuesta.

41

E. Las siete metas comunicativas Escriba dos o tres oraciones para cada meta comunicativa. Preste atención a los puntos gramaticales que debe usar para hacer oraciones precisas.

 1.Aunque el abuelo no habla directamente en el texto, trate de describirlo en sus propias palabras de acuerdo a la información que obtuvo del contexto.

 2.Basándose en las últimas oraciones del cuento, ¿cómo cree Ud. que era la vida en los ingenios durante la zafra (el corte de la caña) en contraste con la vida durante el tiempo muerto?

 3.Mariíta está convencida de que tanto ella como la abuela no podrán superar (overcome) la pérdida del abuelo. ¿Qué sugerencias y consejos tiene Ud. para ellas?

 4.Imagínese cómo fue la vida del abuelo en el ingenio. ¿Qué hacía todos los días? ¿Cómo eran las condiciones en las que trabajaba?

 5.¿Qué cosas le interesaban al abuelo? ¿Qué costumbres les preocupa mantener a los miembros de la sociedad?

 6.¿Cómo le gustaría a Ud. que fuera su funeral? Si Ud. tuviera la capacidad de elegir, ¿qué tipo de ceremonias o rituales le gustaría que se practicaran?

 7.¿Qué pasará con la generación de "cocolos" más jóvenes? ¿Dejarán el ingenio? ¿Cómo participarán en la vida dominicana?

F. El editor exigente. Un editor lee este último capítulo de <u>Tiempo muerto</u> y sugiere los siguientes cambios:

"En un momento de la ceremonia fúnebre se escucha una voz que dice: '...Estamos aquí por un motivo de tristeza. Un hermano ha muerto. Fue un hermano que dio mucho por esta comunidad. Ingresó como miembro de esta sociedad en septiembre de 1935...' No sé nada sobre la vida de ese hombre. Dígame más sobre qué hizo por su comunidad en el año 1935 cuando llegó a incorporarse a la vida de trabajo de un ingenio dominicano."

Escriba uno o dos párrafos en los que describa la llegada del abuelo, en ese momento un hombre joven, al ingenio. Mantenga el tono y las expresiones de un discurso que se pronuncia durante un funeral.

G. ¡A conversar! Converse sobre las siguientes preguntas en grupos pequeños.

1. Discuta el papel de la música en el texto. Según la nieta, ¿qué expresa esa música? Piense en algún tipo de música que es importante para su comunidad, o para su generación. ¿Qué expresa esa música para su público?
2. Dice el texto que posiblemente sea la última vez que se toque la música funeraria y que "desde hoy sólo quedará en la memoria del último descendiente". ¿Qué significa esta frase? ¿Qué implicaciones puede tener para esa comunidad el hecho de que el abuelo ocupe "el último nicho que quedaba vacío"?
3. Se habla mucho de los animales que están en peligro de extinción. ¿Puede pensar en algún grupo étnico que esté en peligro de extinción? ¿Qué puede causar la pérdida de un grupo étnico? ¿Tiene el mismo efecto en el mundo perder una cultura que perder una especie (species)? ¿Tenemos los seres humanos la obligación de hacer lo posible para preservar los grupos étnicos que están en peligro de extinción?
4. Discuta la relación entre la vida y la muerte, según se trata en la lectura. ¿Qué aspectos de la lectura se relacionan con la vida? ¿y con la muerte?
5. Hable sobre la importancia de las ceremonias y los rituales para mantener las raíces culturales de una comunidad. ¿Puede pensar en ceremonias o rituales que son especialmente importantes para su comunidad, o para su propia identidad?

H. Yo poeta A ver cuán creativo/a es Ud. Puede trabajar en parejas o solo/a para crear un poema sencillo de tipo "cinquain". Vea el siguiente modelo y las instrucciones para escribir un "cinquain" en la página 11. Luego escriba un "cinquain" sobre uno de los siguientes temas: la muerte, los abuelos, la herencia.

Modelo:　　　Mariíta
　　　　　　Querida abuela
　　　　　　Tranquilizarla, guiarla, quererla
　　　　　　Porque me ha criado con tanto cariño
　　　　　　Nieta

Capítulo 3
"Cristina Martínez"
de *Mujeres de ojos grandes*
Angeles Mastretta

Sobre la lectura

Angeles Mastretta nació en Puebla, México, en 1949. Hizo sus estudios en periodismo en la Universidad Autónoma de México (UNAM), en la capital del país, y ha colaborado en varias revistas y periódicos mexicanos. Durante los años setenta y ochenta fue una figura importante en el movimiento feminista mexicano y la mayoría de sus artículos periodísticos y de sus libros de ficción versan sobre el tema de la mujer. Entre sus obras narrativas se destacan las novelas Arráncame la vida (1985, Premio Mazatlán) y Mal de amores (1996, Premio Rómulo Gallegos).

El siguiente texto viene del segundo libro de Mastretta, Mujeres de ojos grandes (1990), una serie de 37 viñetas de mujeres criadas para los papeles más tradicionales de la mujer: esposa, madre, ama de casa. Sin embargo, Mastretta se empeña en demostrar que a pesar de sus límites, estas mujeres son fuertes, poseedoras de una sabiduría femenina inigualable por los hombres. "Cristina Martínez" es una mujer que se niega a conformarse con los únicos papeles que la sociedad le permite y decide tomar control de su propio destino.

Antes de leer

A. **Para discutir** Converse sobre las siguientes preguntas en grupos pequeños.

1. ¿Cuáles son los papeles tradicionales de la mujer? ¿Cuáles eran las posibilidades para las mujeres que no se casaban?

2. ¿Cree Ud. que un hombre y una mujer puedan tener una amistad íntima sin que resulte en algún romance? Explique su respuesta.

B. **Vocabulario en contexto** Uno de los retos más difíciles que enfrentan los lectores de una segunda lengua es saber qué hacer con vocabulario y expresiones desconocidos. El proceso de lectura puede resultar agotador (tiresome), frustrante y aburrido si nos detenemos a buscar todos los vocablos que no entendemos de un texto. Sobre todo se pierde el placer de la lectura y disminuye nuestra confianza como lectores de otra lengua. Más adelante veremos cómo podemos hacer de la lectura un acto placentero si nos concentramos más en lo que ya sabemos y menos en lo que todavía no sabemos.

En el siguiente ejercicio Ud. practicará algunas estrategias útiles para acercarse al vocabulario nuevo y para decidirse por la palabra o expresión más apropiada para

44

entender el texto. Lea las frases sacadas de "Cristina Martínez" y escoja una de las cuatro estrategias a continuación para lidiar con (deal with) la palabra subrayada (underlined). Marque a, b, c ó d después de cada frase para indicar qué estrategia Ud. cree que sea la mejor para cada caso.

> **a.** Usar el contexto de la frase como clave para adivinar el significado de la palabra.
>
> **b.** Adivinar el significado porque la palabra se parece a otra que ya conoce o es un cognado.
>
> **c.** Saltar la palabra porque no parece tan importante para entender la frase.
>
> **d.** Buscar la palabra en un diccionario porque parece esencial para entender el significado de la frase.

1. "No era bonita la tía Cristina Martinez, pero algo tenía en sus piernas flacas y su voz atropellada que la hacía interesante."

2. "Los brillantes del aparador la habían hecho entrar para saber cuánto costaba un anillo de compromiso que era la ilusión de su vida."

3. "Sus conceptos sobre la vida, las mujeres y los hombres, su deliciosa voz y la libertad con que camina me deslumbraron."

4. "La mamá de Cristina se negaba a creerle que sólo una vez hubiera visto al español, y en cuanto Suárez desapareció con la respuesta de que iban a pensarlo, la acusó de mil pirujerías."

5. "Dedicaba poco espacio a desciribir el paisaje apretujado de casitas y sembradíos."

C. Visualización Mientras lea, en cuanto aparezcan los siguientes personajes en la lectura, trate de visualizar su apariencia física y los rasgos de su personalidad.

- Cristina Martínez, la protagonista
- La madre de Cristina
- El señor Arqueros
- Emilio Suárez

"Mujeres de ojos grandes"

 VOCABULARIO · VISUALIZAR · VERIFICAR

No era bonita la tía Cristina Martínez, pero algo tenía en sus piernas flacas y su voz atropellada[1] que la hacía interesante. Por desgracia, los hombres de Puebla no andaban buscando mujeres interesantes para casarse con ellas y la tía Cristina cumplió veinte años sin que nadie le hubiera propuesto ni siquiera un noviazgo de buen nivel. Cuando cumplió veintiuno, sus cuatro hermanas estaban casadas para bien o para mal y ella pasaba el día entero con la humillación de estarse quedando para vestir santos. En poco tiempo, sus sobrinos la llamarían quedada y ella no estaba segura de poder soportar ese golpe. Fue después de aquel cumpleaños, que terminó con las lágrimas de su madre a la hora en que ella <u>sopló</u> las velas del pastel, cuando apareció en el horizonte el señor Arqueros.

Cristina volvió una mañana del centro, a donde fue para comprar unos botones de concha y un metro de encaje[2], contando que había conocido a un español de buena clase en la joyería La Princesa. Los brillantes[3] del aparador[4] la habían hecho entrar para saber cuánto costaba un anillo de compromiso[5] que era la ilusión de su vida. Cuando le dijeron el precio le pareció correcto y lamentó no ser un hombre para comprarlo en ese instante con el propósito de ponérselo algún día.

[1] impetuous
[2] lace
[3] diamonds
[4] window
[5] engagement ring

-Ellos pueden tener el anillo antes que la novia, hasta pueden elegir una novia que le haga juego[6] al anillo. En cambio, nosotras sólo tenemos que esperar. Hay quienes esperan durante toda su vida, y quienes cargan para siempre con un anillo que les disgusta, ¿no crees? -le preguntó a su madre durante la comida.

-Ya no te pelees con los hombres, Cristina -dijo su madre-. ¿Quién va a ver por ti cuando me muera?

-Yo, mamá, no te preocupes. Yo voy a ver por mí.

¡A verificar!

¿Quién(es)? ¿Dónde? ¿Qué pasó?

En la tarde, un mensajero de la joyería se presentó en la casa con el anillo que la tía Cristina se había probado extendiendo la mano para mirarlo por todos lados mientras decía un montón de cosas parecidas a las que le repitió a su madre en el comedor. Llevaba también un sobre[7] lacrado con el nombre y los apellidos de Cristina.

Ambas cosas las enviaba el señor Arqueros, con su devoción, sus respetos y la pena de no llevarlos él mismo porque su barco salía a Veracruz al día siguiente y él viajó parte de ese día y toda la noche para llegar a tiempo. El mensaje le proponía matrimonio: <<Sus conceptos sobre la vida, las mujeres y los hombres, su deliciosa voz y la libertad con que camina me deslumbraron[8]. No volveré a México en varios años, pero le propongo que me alcance en España. Mi amigo Emilio

[6] goes with
[7] envelope
[8] amazed

Suárez se presentará ante sus padres dentro de poco. Dejé en él mi confianza y en usted mi esperanza.>>

Emilio Suárez era el hombre de los sueños adolescentes de Cristina. Le llevaba doce años y seguía soltero cuando ella tenía veintiuno. Era rico como la selva en las lluvias y arisco[9] como los montes en enero. Le habían hecho la búsqueda todas las mujeres de la ciudad y las más afortunadas sólo obtuvieron el trofeo de una nieve[10] en los portales. Sin embargo, se presentó en casa de Cristina para pedir, en nombre de su amigo; un matrimonio por poder en el que con mucho gusto sería su representante.

La mamá de la tía Cristina se negaba a creerle que sólo una vez hubiera visto al español, y en cuanto Suárez desapareció con la respuesta de que iban a pensarlo, la acusó de mil pirujerías[11]. Pero era tal el gesto de asombro[12] de su hija, que terminó pidiéndole perdón a ella y permiso al cielo en que estaba su marido para cometer la barbaridad de casarla con un extraño.

¡A verificar!

¿Quién(es)? ¿Dónde? ¿Qué pasó?

V **Cuando salió de la angustia propia de las sorpresas, la tía Cristina miró su anillo y empezó a llorar por sus hermanas, por su madre, por sus amigas, por su barrio, por la catedral,** por el zócalo[13], por los volcanes, por el cielo, por el mole, por las chalupas, por el himno nacional, por la carretera a México, por Cholula, por Coetzalán, por los aromados huesos de su papá, por las cazuelas, por los chocolates raspos, por la música, por el olor de las tortillas, por el rió San Francisco, por el rancho de su amiga Elena y los potreros de su tío Abelardo, por la luna de octubre y la de marzo, por el sol de febrero, por su arrogante soltería, por Emilio Suárez que en toda la vida de mirarla nunca oyó su voz ni se fijó en cómo carambas caminaba.**

Al día siguiente salió a la calle con la noticia y su anillo brillándole. Seis meses después se casó con el señor Arqueros frente a un cura, un notario y los ojos de Suárez. Hubo misa, banquete, baile y despedidas. Todo con el mismo entusiasmo que si el novio estuviera de este lado del mar. Dicen que no se vio novia más radiante en mucho tiempo.

Dos días después Cristina salió de Veracruz hacia el puerto donde el señor Arqueros con toda su caballerosidad la recogería para llevarla a vivir entre sus tías de Valladolid.

De ahí mandó su primera carta diciendo cuánto extrañaba y cuán feliz era. Dedicaba poco espacio a describir el paisaje apretujado de casitas y sembradíos, pero le mandaba a su mamá la receta de una carne con vino tinto que era el platillo de la región, y a sus hermanas dos poemas de un señor García Lorca que la habían vuelto al revés. Su marido resultó un hombre cuidadoso y trabajador, que vivía riéndose con el modo de hablar español y las historias de aparecidos de su mujer,

---

[9] surly
[10] (Méx.) helado
[11] malos comportamientos
[12] sorpresa

[13] plaza principal

con su ruborizarse[14] cada vez que oía un <<coño>> y su terror porque ahí todo el mundo se cagaba[15] en Dios por cualquier motivo y juraba por la hostia[16] sin ningún miramiento.

¡A verificar!

¿Quién(es)? ¿Dónde? ¿Qué pasó?

Un año de cartas fue y vino antes de aquella en que la tía Cristina refirió a sus papás la muerte <u>inesperada</u> del señor Arqueros. Era una carta breve que parecía no tener sentimientos. <<Así de mal estará la pobre>>, dijo su hermana, la segunda, que sabía de sus veleidades[17] sentimentales y sus desaforadas pasiones. Todas quedaron con la pena de su pena y esperando que en cuanto se recuperara de la conmoción les escribiera con un poco más de claridad sobre su futuro. De eso hablaban un domingo después de la comida cuando la vieron aparecer en la sala.

Llevaba regalos para todos y los sobrinos no la soltaron hasta que terminó de repartirlos. Las piernas le habían engordado y las tenía subidas en unos tacones altísimos, negros como las medias, la falda, la blusa, el saco, el sombrero y el velo que no tuvo tiempo de quitarse de la cara. Cuando acabó la repartición se lo arrancó junto con el sombrero y sonrió.

-Pues ya regresé -dijo.

Desde entonces fue la viuda[18] de Arqueros. No cayeron sobre ella las penas de ser una solterona[19] y espantó las otras con su piano desafinado y su voz ardiente. No había que rogarle para que fuera hasta el piano y se acompañara cualquier canción. Tenía en su repertorio toda clase de valses, polkas, corridos, arias y pasos dobles. Les puso letra a unos preludios de Chopin y los cantaba evocando romances que nunca se le conocieron. Al terminar su concierto dejaba que todos le aplaudieran y tras levantarse del banquito para hacer una profunda caravana, extendía los brazos, mostraba su anillo y luego, señalándose a sí misma con sus manos <u>envejecidas</u> y hermosas, decía contundente: <<Y enterrada en Puebla.>>

Cuentan las malas lenguas que el señor Arqueros no existió nunca. Que Emilio Suárez dijo la única mentira de su vida, convencido por quién sabe cuál arte de la tía Cristina. Y que el dinero que llamaba su herencia, lo había sacado de un contrabando cargado en las maletas del ajuar[20] nupcial.

Quién sabe. Lo cierto es que Emilio Suárez y Cristina Martínez fueron amigos hasta el último de sus días. Cosa que nadie les perdonó jamás, porque la amistad entre hombres y mujeres es un bien imperdonable.

¡A verificar!

¿Quién(es)? ¿Dónde? ¿Qué pasó?

---

[14] blush

[15] urinated (popular expression for swearing)

[16] host (popular expression for swearing)

[17] whims

[18] widow

[19] old maid

[20] trousseau

Después de leer

A. Comprensión

Paso 1: Diga si las siguientes oraciones son ciertas o falsas. Corrija las falsas. Indique qué parte del texto apoya su elección.

1. Cristina Martínez se casó a los veintiún años.
2. A Cristina le parecía correcto que los hombres fueran los que les pidieran la mano a las mujeres.
3. A Cristina no le preocupaba qué le pasaría cuando su madre se muriera.
4. Cristina conoció al señor Arqueros antes de casarse con él.
5. El señor Arqueros habló con la madre de Crsitina para pedirle la mano.
6. Al señor Arqueros le impresionaba la personalidad de Cristina.
7. La madre de Cristina pensaba que su hija conocía al señor Arqueros hacía mucho tiempo.
8. A Cristina le gustaba la idea de salir de su pueblo.
9. Cristina y el señor Arqueros se casaron en México y después se fueron a vivir a España.
10. Cristina mandó una carta para decir que estaba feliz en España.
11. Al año Cristina se divorció de su esposo.
12. Después de que Cristina regresó a México, su vida fue muy diferente.
13. Todos creyeron que Cristina se había casado con el señor Arqueros.

Paso 2: Con un/a compañero/a vuelva a la lista de personajes que se encuentra en **Antes de leer**. Juntos escriban una lista de palabras o expresiones (pueden ser adjetivos, sustantivos o verbos) que asocian con cada personaje.

Paso 3: Complete las siguientes oraciones como si Ud. fuera la madre de Cristina. Comparta sus oraciones con un compañero/una compañera.

1. Mi hija nunca va a casarse porque…
2. Cuando Cristina enviudó (*was widowed*) y volvió a México empezó a…
3. Nadie entiende la relación que Cristina tiene con Emilio Suárez porque…

Paso 4: En grupos de cuatro, escriban una ficha con nueve palabras clave que puedan utilizar para hacer un breve resumen del cuento de Mastretta. Luego en parejas escriban el resumen como si fuera una reseña de una película. Deben mencionar quién hizo los papeles principales de la madre, Cristina, Emilio y el Sr. Arqueros.

Mujeres de ojos grandes

B. Narración en el pasado

Paso 1: Vuelva a leer los dos primeros párrafos. Subraye los verbos en el pretérito y circule los verbos en el imperfecto. Después, con un compañero/una compañera, miren las categorías de usos del pretérito y del imperfecto en las páginas 217-218 en el libro de texto, *Punto y aparte*, y expliquen qué regla corresponde con cada verbo en estos párrafos.

Paso 2: Ahora escriba un párrafo sobre la primera semana que Cristina pasó en España. Utilice los verbos en la columna A para avanzar la historia y los verbos en la columna B para añadir emociones y detalles descriptivos.

A	**B**
Conocer a los parientes	Estar sorprendida
Aprender	Tener ganas de
Comprar	Sentir
Ir	

C. ¡ A dramatizar Dramaticen una de las siguientes situaciones en parejas.

Situación 1: Antes de la boda, Cristina y su madre hablan sobre su futuro matrimonio con el señor Arqueros.

Papel de la madre: Le preocupa mucho que su hija se case con un extranjero que apenas conoce. De manera enfática, expresa su opinión de que sería mejor que Cristina se quedara soltera a que cometiera un error tan grave.

Papel de Cristina: No puede creer que su madre se oponga a esta oportunidad tan maravillosa. Convénzala de que Ud. sabe lo que hace.

Situación 2: Un soltero habla con una amiga sobre el matrimonio.
Papel del hombre: Le gusta la vida de soltero y no tiene ninguna intención de casarse. Explique por qué su vida es perfecta tal y como es ahora.

Papel de la amiga: Trate de convencerle a su amigo de que la verdadera felicidad sólo se encuentra en el matrimonio.

D. Hacia el análisis literario: *La narrativa como comentario social*

La narrativa siempre es un intento del autor de comunicarse con el lector sobre algún asunto que le parece importante. A menudo lo que quiere comunicar el autor es algún comentario o crítica social. Este comentario o crítica lo realiza de diversas maneras: por las acciones o el diálogo de los personajes, por las observaciones y el tono del narrador, por eventos que se insertan en la narrativa, etc. A veces el comentario social es muy evidente y otras está escondido y es muy sutil.

Trabaje con un compañero/una compañera para contestar las siguientes preguntas sobre el comentario social en "Cristina Martínez".

1. En su opinión, ¿cuál es el comentario social de "Cristina Martínez"?
2. ¿Es el comentario social muy obvio o algo sutil?
3. ¿De qué manera sirve la descripción de los personajes al comentario social que quiere comunicar Mastretta? Piensen en los diferentes tipos de mujeres que se presentan en el texto.
4. ¿Cómo sirven las acciones de los personajes para expresar de manera efectiva el comentario social? Piensen en las acciones de la madre, de Cristina y de Emilio Suárez.
5. ¿Cuál es la actitud de la narradora ante los eventos narrados? ¿Es una narradora presente/involucrada o ausente/distante? (Ver explicación sobre el/la narrador(a), Capítulo 1, "La envidia", actividad C. Después de leer). ¿De qué manera contribuye esta narradora a la crítica social?
6. Busque algunas de las frases que en su opinión aportan más a la creación del comentario social en este texto.

E. Las siete metas comunicativas en contexto Escriba dos o tres oraciones para cada meta comunicativa. Preste atención a los puntos gramaticales que debe utilizar para hacer oraciones precisas.

1. Describa a Cristina.

2. Compare a Cristina con sus hermanas. Use la imaginación si es necesario.

3. Escriba dos reacciones sobre lo que hizo Cristina y dos recomendaciones sobre cómo ella puede mantener su amistad con Emilio Suárez.

4. En su opinión, ¿qué pasó de verdad? ¿Se casó o no? ¿Qué hizo durante el año que estuvo fuera?

5. ¿Qué le molestaba a Cristina de su vida de soltera? ¿Qué le gusta a Cristina de su vida ahora?

6. Si Ud. fuera Emilio Suárez, ¿qué haría ahora?

7. ¿Qué pasará con Cristina y Emilio? Invente su futuro.

F. El editor exigente Un editor lee el cuento y le pide al autor unos cambios:

"El cuento dice que las hermanas de Cristina 'estaban casadas para bien o para mal'. Quiero saber un poco más sobre los esposos de ellas. ¿Cuáles eran buenos y cuáles eran malos? ¿Por qué los clasifica así?"

Escriba uno o dos párrafos sobre los cuatro cuñados de Cristina. Mantenga el tono y el estilo del cuento.

G. ¡A conversar! Converse sobre las siguientes preguntas en grupos pequeños.

1. Antes de salir para España, Cristina "miró su anillo y empezó a llorar por sus hermanas, por su madre, por sus amigas, (...)". La narradora nombra 25 personas,cosas o lugares que extrañará Cristina cuando salga de México. Si Ud.decidiera casarse con un/a extranjero/a, ¿cuáles son las diez personas, lugares y cosas que extranaría?

2. ¿Ha tenido o tiene una amistad importante con una persona del sexo opuesto? ¿Qué impacto tiene/tuvo en Ud.? Si ya no son amigos, ¿por qué terminaron la relación?

3. ¿Cree que Cristina Martínez sería una buena feminista? Explique su respuesta. ¿Cree Ud. que Cristina mintió? ¿Qué opina de lo que hizo?

H. Yo poeta A ver cuán creativo/a es Ud. Puede trabajar en parejas o solo/a para crear un poema sencillo de tipo "cinquain". Vea el siguiente modelo y las instrucciones para escribir un "cinquain" en la página 11. Luego escriba un "cinquain" sobre **uno** de los siguientes temas: una soltera, Emilio Suárez, la amistad.

Modelo:
México
Luminoso, sabroso
Oler, comer, pasear
Voy a extrañar tantas cosas
Belleza

Capítulo 3

Querido Diego, te abraza Quiela
(fragmento)
Elena Poniatowska

Sobre la lectura

El siguiente texto proviene de una novela de Elena Poniatowska, una famosa periodista y novelista mexicana, nacida en París en 1933. Entre sus obras más famosas se encuentran la novela testimonio <u>Hasta no verte Jesús mío</u> (1969), una elaboración sobre entrevistas realizadas con una mujer mestiza, Jesusa Palancares, y la novela histórica, <u>La noche de Tlatelolco</u> (1971). Su obra se caracteriza por sus preocupaciones con el estado de la sociedad mexicana y la situación de la mujer. En 1978, Poniatowska fue la primera mujer en ganar el Premio Nacional de Periodismo mexicano.

El fragmento que Ud. va a leer es de su libro <u>Querido Diego, te abraza Quiela</u> (1978). La novela epistolar consiste en una serie de cartas ficticias de Angelina Beloff (Quiela), una exiliada rusa, al famoso pintor mexicano Diego Rivera. En la vida real, Diego y Angelina se conocieron en París, pasaron diez años juntos y tuvieron un hijo que murió muy joven. Durante la terrible época de la Primera Guerra Mundial, Diego decidió regresar a México sin Angelina. En la novela, Poniatowska imagina las cartas que la rusa escribiera al mexicano.

Antes de leer

A. **Para discutir** Converse sobre las siguientes preguntas en grupos pequeños.

1. ¿Cómo se explica el concepto del "amor no correspondido"? ¿Conoce Ud. a alguien, o puede pensar en una persona famosa o personaje famoso que haya sufrido de este tipo de amor?

2. ¿Cuáles son los sentimientos que tiene la persona que no recibe el amor que desea? ¿Cómo se siente la persona que es objeto de atenciones románticas que no le interesan?

3. ¿Qué sería peor, recibir una carta tipo "Querido Juan" o nunca saber nada y quedarse con la esperanza o la duda de un amor fracasado?

4. ¿Cómo se sentiría si su pareja tuviera que salir a luchar en una guerra?

5. ¿Cómo cambia una relación amorosa con la llegada de un hijo/una hija?

B. Vocabulario en contexto En el siguiente ejercicio Ud. practicará algunas estrategias útiles para acercarse al vocabulario nuevo y para decidirse por la palabra o expresión más apropiada para entender el texto. Lea las frases sacadas de "Querido Diego, te abraza Quiela" y escoja una de las cuatro estrategias a continuación para lidiar con (*deal with*) la palabra subrayada. Marque **a, b, c** o **d** después de cada frase para indicar qué estrategia Ud. cree que sea la mejor para cada caso. Después, siga las indicaciones de la estrategia que Ud. escogió.

---

a. Usar el contexto de la frase como clave para adivinar el significado de la palabra.

b. Adivinar el significado porque la palabra se parece a otra que ya conoce o es un cognado.

c. Brincar la palabra porque no parece tan importante para entender la frase.

d. Buscar la palabra en un diccionario porque parece esencial para entender el significado de la frase.

---

1. "Llenabas todo el marco de la puerta con tu metro ochenta de altura, tu barba <u>descuidada</u> y ondulante, tu cara de hombre bueno y sobre todo tu ropa que parecía que iba a <u>reventarse</u> de un momento a otro".

2. "¡…el salvaje mexicano enorme y llamativo y ella, criatura pequeña y dulce envuelta en una leve <u>azulosidad</u>!"

3. "…la muerte de Apollinaire irreconocible y con la cabeza vendada, una <u>esquirla</u> en el cráneo, todo te había asqueado".

4. "Lo único que quizá te hubiera retenido era tu hijo y él <u>yacía</u> bajo la nieve".

5. "La veo en la inclinación de mi cabeza, en la suavidad de las cejas <u>arqueadas,</u> en la frente amplia en todos sentidos…"

6. "…antes, durante y después del <u>embarazo,</u> veo mi <u>vientre</u> abultado en que te has detenido morosamente".

C. Visualización Mientras lea, en cuanto aparezcan los siguientes personajes en la lectura, trate de visualizar su apariencia física y los rasgos de su personalidad.

- Diego

- Angelina

- Apollinaire

Querido Diego, te abraza Quiela

VOCABULARIO **V**   VISUALIZAR **V**   VERIFICAR

El primer fragmento que Ud. va a leer relata los recuerdos de Angelina de cuando los dos se conocieron.

Querido Diego:

Te conocí en La Rotonde, Diego, y fue amor a primera vista. Apenas te vi entrar, alto, con tu sombrero de anchas alas,[1] tus ojos saltones,[2] tu sonrisa amable y oí a Zadkin decir: <<He aquí al vaquero mexicano>>[3] y otros exclamaron: <<Voilà l'exotique>>,[4] me interesé en ti. **Llenabas todo el marco[5]**

VISUALIZAR **V**

de la puerta con tu metro ochenta de altura, tu barba descuidada y ondulante,[6] tu cara de hombre bueno y sobre todo tu ropa que parecía que iba a reventarse[7] de un momento a otro, la ropa sucia y arrugada de un hombre que no tiene a una mujer que lo cuide. Pero lo que más me impresionó fue la bondad de tu mirada. En torno a[8] ti, podía yo percibir una atmósfera magnética que otros después descubrieron. Todo el mundo se interesaba en ti, en las ideas que exponías con impetuosidad, en tus desordenadas manifestaciones de alegría. Recuerdo aún tu mirada sobre mí,

sorprendida, tierna.[9] Luego cuando nos levantamos de la mesa y quedamos el uno junto al otro, Zadkin exclamó: <<¡Miren qué chistosos se ven los dos juntos: el salvaje mexicano, enorme y llamativo y ella, <u>criatura</u> pequeña y dulce envuelta en una leve[10] azulosidad!>> De una manera natural, sin votos,[11] sin dote,[12] sin convenio económico, sin escritura, sin contrato, nos unimos. Ninguno de los dos creíamos en las instituciones burguesas.[13] Juntos afrontamos la vida y así pasaron diez años, los mejores de mi vida. Si se me concediera volver a nacer, volvería a escoger esos diez años, llenos de dolor y de felicidad que pasé contigo, Diego. Sigo siendo tu pájaro azul, sigo siendo simplemente azul como solías llamarme, ladeo[14] mi cabeza, mi cabeza <u>herida</u> definitivamente y la pongo sobre tu hombro y te beso el cuello, Diego, Diego, Diego a quien tanto amo.

Tu Quiela

¡A verificar!

¿Quién(es)? ¿Dónde? ¿Qué pasó?

---

[1] de…wide-brimmed
[2] bulging
[3] He… "Here's the Mexican cowboy"
[4] Voilà… "There's the exotic one" (Fr.)
[5] frame
[6] wavy
[7] split
[8] En…Alrededor de
[9] tender
[10] light
[11] vows
[12] dowry
[13] bourgeois
[14] I tilt

56

Fue durante la terrible época de la primera Guerra Mundial cuando Diego decidió regresar a México sin Angelina. Aquí Quiela recuerda el momento en que Diego tomó la decisión.

Querido Diego:

Fue cuando empezaste a decir que era inconcebible que la humanidad siguiera tolerando un sistema que producía locuras como la guerra. Gritabas una y otra vez, que pronto vendría una solución; tenías muchas discusiones con los rusos--mis amigos emigrados revolucionarios--sobre el papel de la pintura en el futuro orden social. Todos los días esperábamos a amigos que regresaban del frente. Y fue entonces cuando noté que tenías le *mal du pays*,[15] volteabas[16] los ojos hacia el sol pálido y recordabas otro, en el fondo ya querías irte. Estabas harto.

Europa y su frío y su gran guerra y las tropas regresando enlodadas[17] arrastrando[18] sus haberes[19] y la muerte de Apollinaire irreconocible y con la cabeza vendada, una esquirla[20] en el cráneo todo te había asqueado. Era hora de irte. Lo único que quizá te hubiera retenido era tu hijo y él yacía[21] bajo la nieve. Yo hubiera zarpado[22] contigo, pero no había dinero más que para un solo boleto. Ya no recibía mi pensión de San Petersburgo; todo lo interrumpió la guerra; en el fondo la guerra rompió tu

lazo[23] con Francia y nuestro hijo al morir, conmigo. Lo presentí, Diego y lo acepté. Creí firmemente que te alcanzaría después, que estos diez años de vida en común no habían sido en vano, después de todo fui tu esposa y estoy segura de que me amaste. No tengo más que ver el retrato[24] que me hiciste para sentir tu ternura;[25] la veo en la inclinación de mi cabeza, en la suavidad de las cejas arqueadas, en la frente amplia en todos sentidos, como queriendo lo que percibías en mí de inteligencia y de sensibilidad, los ojos asombrados[26] sugieren una actitud de admiración hacia la vida; la boca reflexiva con una leve sonrisa; veo a las tres Angelinas; antes, durante y después del embarazo, veo mi vientre[27] abultado en que te has detenido morosamente: <<Diego, hijo>>, escribiste, y en otro rincón[28] de la tela: <<La dulce Angelina>>.

Tu Quiela

¡A verificar!

¿Quién(es)? ¿Dónde?   ¿Qué pasó?

---

[15] mal…homesickness (Fr.)
[16] you turned
[17] muddy
[18] dragging
[19] belongings
[20] splinter
[21] laid
[22] weighed anchor

[23] conexión
[24] portrait
[25] tenderness
[26] sorprendidos
[27] womb
[28] corner

Después de leer

A. Comprensión

Paso 1: Diga si las siguientes oraciones son ciertas o falsas. Corrija las falsas. Indique qué parte del texto apoya su elección.

1. Angelina no estaba muy interesada en Diego cuando se conocieron.
2. Diego era un hombre grande e imponente (imposing).
3. La apariencia física y la personalidad de Diego llamaba la atención en París.
4. Angelina y Diego se casaron y tuvieron un hijo.
5. Angelina y Diego se veían bien juntos porque eran muy parecidos.
6. Angelina cree que los años que pasó con Diego fueron buenos.
7. Diego se fue de Francia porque no le gustaba la guerra y ya no tenía nada que lo uniera a Angelina.
8. A Diego la guerra le pareció triste pero lógica.
9. El hijo de los dos vivía con su madre porque Diego no lo quería.
10. Diego pintó un retrato de Angelina con su hijo.

Paso 2: Con un compañero/una compañera vuelva a la lista de personajes que se encuentra en Antes de leer. Juntos escriban una lista de palabras o expresiones (pueden ser adjetivos, sustantivos o verbos) que asocian con cada personaje.

Paso 3: Complete las siguientes oraciones como si Ud. fuera Angelina. Comparta sus oraciones con un compañero/una compañera.

1. Cuando vi a Diego por primera vez…
2. Todos decían que Diego y yo…
3. Cuando supe que Diego iba a volver a México,…

Paso 4: En grupos de cuatro, escriban una ficha con nueve palabras clave que puedan utilizar para hacer un breve resumen de las dos cartas. Luego en parejas preparen el resumen como si fuera una entrada en el diario de Angelina.

Querido Diego, te abraza Quiela

58

B. Narración en el pasado

Paso 1: Vuelva a leer los dos primeros párrafos. Subraye los verbos en el pretérito y circule los verbos en el imperfecto. Después, con un compañero/una compañera, miren las categorías de usos del pretérito y del imperfecto en las páginas 217-218 en el libro de texto, *Punto y aparte*, y expliquen qué regla corresponde con cada verbo en estos párrafos.

Paso 2: Lea el siguiente trozo de *Querido Diego, te abraza Quiela*. Rellene los espacios con el pretérito o el imperfecto según el contexto. Luego con un compañero/una compañera explique por qué escogió el pretérito o el imperfecto en cada caso.

Ayer_____ (pasar) la mañana en el Louvre, chatito (me gusta llamarte chatito, me hace pensar en tus padres, siento que soy de la familia) y estoy deslumbrada (*dazzled*). Cuando _____(ir) antes contigo Diego, _____(escuchar) admirativamente, _____(compartir) tu apasionamiento porque todo lo que viene de ti suscita mi entusiasmo, pero ayer _____ (ser) distinto, _____ (sentir) Diego y esto me _____ (dar) una gran felicidad. Al salir del Louvre _____ (dirigirme) a la Galería Vollard a ver los Cezanne y _____ (permanecer) tres horas en su contemplación, Monsieur Vollard me _____ (decir): "Je vous laisse seule" (*I'll leave you alone*-Fr.) y se lo _____ (agradecer). _____ (Llorar) mientras _____ (ver) los cuadros, _____(llorar), también por ti y por mí, pero me _____ (aliviar) llorar porque comprender, finalmente, es un embelesamiento (*delight*) y me _____ (estar) proporcionando una de las grandes alegrías de mi vida.

C. **¡A dramatizar!** En parejas, dramaticen una de las siguientes situaciones. Es necesario que considere el contexto de la lectura.

Situación 1: Zadkin y Angelina conversan en La Rotonde sobre lo que hizo Diego, cómo se siente Angelina, las cartas que ha escrito y qué quiere que pase en el futuro.

Papel de Zadkin: Ud. está secretamente enamorado de Angelina. Reaccione ante lo que hizo Diego y trate de convencerle de que se olvide del mexicano que tiene fama de ser mujeriego.

Papel de Angelina: Hable con Zadkin sobre sus intentos de comunicarse con Diego y discuta con su amigo sus sentimientos y deseos. Ud. no entiende las intenciones de Zadkin y reacciona de manera inocente a sus consejos interesados (*self-serving*).

Situación 2: Angelina viaja a México para buscar a Diego. Cuando llega, descubre que éste ya está involucrado con Frida Kahlo.

Papel de Angelina: Reaccione con mucha emoción ante la infidelidad de Diego. Trate de convencerle de que deje a Frida y vuelva con Ud.

Papel de Diego: Está sorprendido de ver a Angelina. Con calma, explíquele su nueva situación y responda a las quejas de la rusa.

D. Hacia el análisis literario: *El tono*

El tono representa la actitud de la autora/el autor ante el asunto tratado en un texto e influye en cómo nosotros, los lectores, percibimos el evento narrado. El tono se comunica de diversas maneras, por el lenguaje que escoge la autora/el autor, por la estructura de la obra, por el punto de vista de los personajes, por el ritmo del lenguaje, por las imágenes escogidas, etc.

Trabaje con un compañero/una compañera para contestar las siguientes preguntas sobre el tono de Querido Diego, te abraza Quiela.

1. En su opinión, ¿cuál(es) de estos adjetivos mejor describe(n) el tono de Querido Diego, te abraza Quiela?: formal, informal, rabioso, melancólico, nostálgico, emocionado, hostil, preocupado, alegre, misterioso, cómico. Explique su respuesta.
2. A veces es más fácil describir el tono mediante la metáfora. Complete las siguientes frases y explique sus respuestas:

   1. Si el texto fuera un color, sería...
   2. Si el texto fuera un estilo de pintura, sería...
   3. Si el texto fuera una canción, sería...
   4. Si el texto fuera un lugar, sería...

3. ¿Cree Ud. que el tono es apropiado o exagerado? ¿Se comunica el tono de manera efectiva? Explique su respuesta.
4. Si el tono representa la actitud de la autora/el autor ante el asunto narrado, ¿cuál es la actitud de Poniatowska ante Angelina, ante Diego y ante las relaciones de los dos? Justifique su respuesta con ejemplos textuales.

E. Las siete metas comunicativas en contexto Escriba dos o tres oraciones para cada meta comunicativa. Preste atención a los puntos gramaticales que debe utilizar para hacer oraciones precisas.

 D DESCRIBIR

1. En base a las claves (clues) en la selección que acaba de leer, describa a Angelina, su apariencia física y su personalidad. Incluya información sobre su estado emocional cuando escribe las cartas.

C COMPARAR

2. Compare a Angelina y Diego. Incluya detalles de sus aspectos físicos y sus personalidades.

R REACCIONAR RECOMENDAR

3. Escriba un telegrama de Angelina a Diego, en el que ella trate de convencerle de que regrese a París. Escriba una reacción ante su situación, una recomendación de lo que Diego debe hacer y un mandato fuerte.

P PASADO

4. Imagine la vida en familia de Diego, Angelina y su hijo. ¿Cómo pasaban juntos su tiempo libre? ¿Cómo cambió todo cuando el hijo se murió?

G GUSTOS

5. Sólo sabemos la versión de Angelina. Ahora, piense en la versión de Diego. ¿Qué le interesaba de Angelina? ¿Qué le molestaba? ¿Qué le preocupa ahora?

H HIPOTESIS

6. ¿Qué haría si fuera Angelina? ¿y si fuera Diego?

F FUTURO

7. ¿Qué pasará con Angelina? Invente su futuro.

F. El editor exigente: Un editor lee el cuento y le pide al autor unos cambios:

"En la primera carta, sería interesante saber un poco más sobre cómo se sentían Diego y Angelina cuando nació su hijo".

Escriba uno o dos párrafos en los que Angelina recuerda los primeros años de la relación y el nacimiento del hijo. Mantenga el tono y el estilo de las cartas.

G. ¡A conversar! La segunda carta cuenta que en París Diego conversaba con sus amigos sobre el papel de la pintura en el futuro orden social. Unos ochenta años más tarde, ¿cuál es el papel de la pintura, y las otras artes plásticas, en el orden social?

1. ¿De qué manera influyen las artes plásticas en cómo percibimos el mundo? ¿Conoce a algún artista — pintor(a), escultor(a), fotógrafo/a — que haya tenido mucha influencia en la sociedad en los últimos cincuenta años?

2. Diego Rivera era defensor del arte público. Es más conocido por sus grandes murales que decoraban edificios públicos y trataban temas sociales. ¿Cree Ud. que el arte público tiene alguna importancia hoy en día? ¿Se fija Ud. en el arte público — las esculturas en las calles y los parques, o las pinturas en edificios públicos, por ejemplo?

3. Piense en alguna obra de arte público que Ud. ha visto. Descríbala y comente sobre lo que Ud. cree que es su propósito principal — decorativo, educativo, político, etc.

4. Hoy en día, una de las formas de arte público de más impacto es el *graffiti*. En su opinión, ¿cuál es la función principal del *graffiti*? Piense en diferentes *graffitis* que Ud. ha visto. Descríbalos y comente sobre sus mensajes principales. ¿Qué efecto tiene o puede tener el *graffiti*?

H. **Yo poeta** A ver cuán creativo/a es Ud. Puede trabajar en parejas o solo/a para crear un poema sencillo de tipo "cinquain". Vea el siguiente modelo y las instrucciones para escribir un "cinquain" en la página 11. Luego escriba un cinquain" sobre **uno** de los siguientes temas: el amor no correspondido, la guerra, Angelina.

Modelo: Diego
Amor apasionado
Amar, esperar, sufrir
Almas gemelas para siempre
Amante

Capítulo 4

"La fiaca"
Ricardo Talesnik

Sobre la lectura

Ricardo Talesnik nació el 25 de diciembre 1935 en Buenos Aires, Argentina. Es guionista de cine y televisión, dramaturgo y actor. Según cuenta el mismo Talesnik, después de pasar por varios trabajos, como vendedor de bananas (ocupación de su padre) y periodista, un día se levantó con terror al pensar que pasaría el resto de su vida en una oficina. De ese temor nació " La fiaca", su obra dramática más conocida.

" La fiaca" trata de un hombre que un día despierta y decide dar rienda suelta (*free reign*) a su pereza. Dado que hasta este punto siempre había sido un empleado ejemplar, todos, su esposa, su jefe, sus amigos, se encuentran muy preocupados por su acto de rebeldía. Aquí tiene una parte de la obra, en la que el protagonista, Néstor, discute su decisión con su esposa, Marta.

Antes de leer

A. **Para discutir** Converse sobre las siguientes preguntas en grupos pequeños.

1. ¿Siempre se levanta con ganas de trabajar/estudiar? ¿Qué hace cuando no tiene ganas de trabajar o estudiar?

2. ¿Conoce a alguien ultra responsable? ¿Cómo es esa persona? ¿Cómo ocupa sus días?

B. **Vocabulario en contexto**: Una nota sobre el español en la Argentina.

El texto que Ud. va a leer es un diálogo entre dos esposos argentinos. Utiliza un lenguaje coloquial lleno de regionalismos. El título de la obra, "La fiaca", es una palabra muy argentina para "la pereza", o no tener ganas de hacer nada, tener deseos de quedarse en la cama, de descansar. Mire cómo se usa la palabra en el diálogo:

Néstor: …No tengo nada más que fiaca… ¿me oís?: *fiaca*.
Marta: (*Llorando*) ¡Nunca tuviste fiaca!

También verán la palabra "ché", que tiene una función algo parecida a la palabra "*hey*" en inglés.

Néstor: …Ché, Marta…

Finalmente, es importante observar el uso del "vos" en la Argentina (también en Uruguay, y algunos países centroamericanos). El "vos" es la segunda persona singular (a diferencia del "vosotros", la segunda persona plural en España); reemplaza el "tú". Tiene su propia conjugación en el presente y en los mandatos.

	Comprar	**Tener**	**Decir**	**Ser**
Presente	comprás	tenés	decís	sos
Mandato	comprá	tené	decí	sé

¡Ojo! Al escribir un mandato con pronombre, se pierde el acento escrito (al no ser que sea necesario por cuestiones de pronunciación):

tranquilizá: tranquilizate   levantá: levantate   escuchá: escuchame

Vea los siguientes ejemplos sacados de la lectura:

Marta: … Néstor …Oíme …Decime una cosa …Por favor …¿Por qué hacés esto, ¿eh?

Paso 1: Lea el trozo de "La fiaca" que aparece aquí. Busque ejemplos del "vos". Marque los ejemplos y determine cómo se conjugarían si Néstor y Marta fueran mexicanos.

Marta: ¿Te volviste loco? ¿Qué te pasa?
Néstor: Nada, Marta, nada… No tengo ganas de ir a trabajar… ¡No es para tanto!
Marta: ¡Yo estoy loca! ¡Sí soy yo!
Néstor: Tranquila, Marta, tranquila…
Marta: ¡No puede ser!… Mirá, Néstor, levantate porque…
Néstor: ¡Ché, estás exagerando!
Marta: ¡Nestor, mirá la hora… no llegás!
Néstor: Ya sé. Oíme una cosa…
Marta: ¡Néstor, por favor!… ¡Que llegás tarde! (*Implorante.*) ¡Levantate, Néstor, levantate!
Néstor: Vení, escuchame…
Marta: ¿Qué te pasa, Néstor? ¿Te sentís mal? ¿No me querés decir?
Néstor: ¡Dale, Marta, terminala[1]!
Marta: A mí me lo decís?… ¡Es increíble!
Néstor: (*Suave*) Vení, Martita, oíme….

C. **Visualización** Mientras lea, en cuanto aparezcan los siguientes personajes en la lectura, trate de visualizar su apariencia física y los rasgos de su personalidad.

- Néstor, el esposo
- Marta, la esposa

---

[1] Dale… Enough, Marta!

"La fiaca"

VOCABULARIO · VISUALIZAR · VERIFICAR

Es de noche. MARTA, 26 a 30 años, lee, acostada. NÉSTOR, alrededor de 32 años, termina de abotonarse el pijama, dispuesto a acostarse. Sus movimeintos son lentos, pensados; se mira las manos, los ojales[1], los botones. De vez en cuando le echa una mirada a MARTA sin que ella, abstraída en la lectura, se dé cuenta. NÉSTOR se sienta en la cama, enciende la luz de su velador[2], se quita las pantuflas[3]. Levanta una, la observa y la deja. Se inquieta y mira a su alrededor. Descubre la ventana abierta, se calza[4], va y baja la cortina. MARTA lo mira un momento y sigue leyendo. Nuevamente sentado en la cama, NÉSTOR se quita las pantuflas con movimientos ahora mecánicos. Permanece sentado, pensando.

Mira el reloj con gran nerviosidad. Piensa. Vuelve a mirarlo. No se decide. Baja de la cama. Se pasea muy inquieto. Reflexiona intensamente, moviendo los labios. Imagina, argumenta, se convence, se arrepiente, recuerda, titubea[5], y, al fin, se decide. Va hacia la cama. Con un movimiento lento, transcendental, aprieta el interruptor de la alarma. Se acuesta. Se incorpora en seguida, sonríe y levanta nuevamente el interruptor. Satisfecho, apoya morosamente[6] la cabeza sobre la <u>almohada</u> y apaga la luz de su velador.

VISUALIZAR V

---

[1] Button holes
[2] nightstand
[3] slippers
[4] se..he puts his shoes on
[5] hesitates
[6] lentamente

Tiempo. La claridad de la mañana ilumina el ambiente. Suena el despertador. NÉSTOR se despierta sobresaltado[7]. Cuando está a punto de mascullar la puteada de rutina[8], recuerda. Entonces sonríe, toma el reloj y aprieta el interruptor con delectación[9]. Con el reloj entre sus manos, apoya otra vez la cabeza sobre la almohada. Trata de superar su excitación y su temor para saborear el momento. Sonríe y cierra los ojos.

¡A verificar!

¿Quién(es)? ¿Dónde? ¿Qué pasó?

Marta: ¿Qué hacés?
Néstor: (*Abre los ojos, inquieto, pero se impone una segura naturalidad.*) Nada. Aquí estoy.
Marta: ¿Qué hora es?
Néstor: Las siete y cinco de la mañana.
Marta: (*Dándole la espalda nuevamente.*) ¿Sonó el reloj?
Néstor: Sí. Sonó…
Marta: No lo escuché… (*Un largo bostezo[10] y trata de dormirse nuevamente. Siente que Néstor no se levanta y se vuelve, extrañada.*) ¿Qué hacés que no te levantás?
Néstor: (*Firme, sin mirarla.*) Nada.
Marta: ¿Qué esperás?
Néstor: (*Tomando aire.*) No… (*Se aclara la garganta.*) No me levanto.

---

[7] startled
[8] mascullar…mumble about the same "damn" routine
[9] delight
[10] yawn

66

Marta: (*Completamente despabilada[11], incorporando medio cuerpo.*) ¿Cómo?

Néstor: (*Siempre tratando de dominarse y aparentar resolución y serenidad.*) Que no me levanto.

Marta: (*Perpleja*) ¿Qué no...cómo que no te levantás?

Néstor: No tengo ganas.

Marta: (*Para sí, desconcertada*). Ganas...

Néstor: No tengo ganas de ir a trabajar.

Marta: (*Riendo sin convencimiento*). ¡Me estás cargando![12]

Néstor: No, en serio: no voy a la oficina.

Marta: (*La risa se transforma en una mueca[13]. Excitada, hablando más alto.*) ¿Por qué no vas a ir? ¿Eh? (*Controlándose.*) ¿Por qué?

Néstor: Porque tengo fiaca.

Marta: (*Asombrada*) ¿Fiaca?

Néstor: Sí señor.

Marta: ¿Pero..., qué te agarró?[14]

Néstor: Fiaca. ¿No te digo?...No tengo ganas de ir y listo: no voy.

Marta: ¿Así porque sí? ¿Porque se te da la gana?

Néstor: Ni más ni menos.

Marta: (*Para sí.*) No, no puede ser... (*A Néstor.*) Son las siete y diez, Néstor... ¡vas a llegar tarde!

Néstor: No, no voy a llegar tarde... porque no pienso llegar.

Marta: (*Saltando de la cama.*) Yo... ¡Muy lindo!... Pe... ¿Qué vas a decir?

Néstor: ¿A quién?

Marta: ¿Cómo que a quién? ¿No pensás avisar?

Néstor: No.

Marta: ¡Dios mío!

Néstor: Tranquilizate.

Marta: ¿Te volviste loco? ¿Qué te pasa?

Néstor: Nada, Marta, nada... No tengo ganas de ir a trabajar... ¡No es para tanto!

Marta: ¡Yo estoy loca! ¡Sí soy yo!

Néstor: Tranquila, Marta, tranquila...

Marta: ¡No puede ser!... Mirá, Néstor, levantate porque...

Néstor: ¡Ché, estás exagerando!

Marta: ¡Nestor, mirá la hora... no llegás!

Néstor: Ya sé. Oíme una cosa...

Marta: ¡Néstor, por favor!... ¡Que llegás tarde! (*Implorante.*) ¡Levantate, Néstor, levantate!

Néstor: Vení, escuchame...

Marta: ¿Qué te pasa, Néstor? ¿Te sentís mal? ¿No me querés decir?

Néstor: ¡Dale, Marta, terminala[15]!

Marta: A mí me lo decís?... ¡Es increíble!

Néstor: (*Suave*) Vení, Martita, oíme....

MARTA se acerca con recelo[16].

Néstor: Escuchame bien: No tengo ganas de ir a trabajar, tengo fiaca... ¿Tan grave te parece?

Marta: No te pasó nunca. Es la primera vez...

Néstor: (*Sonriente*) Y bueno, algún día tenía que ser.

Marta: (*Apartándose bruscamente*) ¡Vos estás enfermo! (*Dirigiéndose al teléfono*) ¡Yo llamo a la oficina para que te manden el médico!

---

[11] awake
[12] You're kidding me!
[13] grimmace
[14] What's gotten into you?

---

[15] Dale... Enough, Marta!
[16] suspicion

Néstor: (*Con una agresividad <u>inusitada</u> que hasta él mismo se sorprende.*) ¡Ni se te ocurra!

Marta: (*Se detiene, impresionada, y se larga a llorar.*) ¡Estás enfermo, Néstor, estás enfermo!

Néstor: (*Engolosinado[18] con su autoridad, aunque menos agresivo.*) Me siento mejor que nunca. Ne tengo más que fiaca… ¿me oís?: *fiaca.*

Marta: (*Llorando*) ¡Nunca tuviste fiaca!

Néstor: ¡Bueno, hoy tengo!

Marta: ¡No puede ser!

Néstor: ¡Ahora no tengo derecho a tener fiaca!

Marta: ¡Los vagos tienen fiaca! ¡Y vos no sos un vago! (*Dejando de llorar, con tonito compungido[19], tratando de <u>disuadirlo</u>.*) ¡Mirá la hora, Néstor! Levantate, por favor…

Néstor: (*Señalando un lugar junto a él.*) Vení, vení acá… (*Marta va, casi sin llorar, lista para asumir la actitud adecuada.*)

Néstor: Mirá, Marta… Anoche me puse a pensar. Me sentía… ¿cómo te podría decir?… estaba un poco cansado… (*tocándose la cabeza*) de aquí, ¿sabés?… Como sin ganas de nada… (*Anticipándose*) Físicamente me siento lo más bien, ¡eh! (*tocándose*) Es de acá… Es como si estuviera aburrido, no sé… Me puse a pensar y de repente dije: ¿Qué pasa si mañana no voy a la oficina? ¿Eh? ¿Qué hay? ¿No tengo derecho yo? No quiero ir a la oficina y listo, no voy. Tengo fiaca. Sí, fiaca. ¡Y cuando uno tiene fiaca tiene fiaca!… ¿Qué tal?… Néstor Vignale, el empleado más cumplidor, el más eficiente, falta porque sí, porque se le dan las ganas. (*Entusiasmado*) ¡No me vas a negar que es algo nuevo, distinto!… Un lunes en la cama, nada menos que un lunes, un lunes a la mañana… ¿Te das cuenta de lo que significa?

Marta: (*Ya no llora. Hace ruiditos y mohines compradores[20]. Se pone en <<comprensiva-cariñosa>>.*) Vos tenés algo… No sos el mismo de siempre.

Néstor: Estoy fenómeno, ¡creéme!… no me pasa nada.

Marta: Nunca hiciste esto. Hace diez años que estás en Fiagroplast y no faltaste un solo día.

Néstor: Y bueno… hoy es el primero.

Marta: Te lo van a descontar.

Néstor: No importa.

Marta: (*Menos <<comprensiva>>*) ¡Es un día de <u>sueldo</u>!

Néstor: ¿Sabés cuánto es un día de sueldo?

Marta: Sí: ochocientos treinta y dos pesos.

Néstor: ¡Ochocientos treinta y dos pesos!… ¡Tengo que levantarme por ochocientos treinta y dos pesos!… Lavarme la cara con agua fría, afeitarme, hacerme la corbata, meterme en el subte o colgarme de un colectivo, mirar los coches de los demás, pasar delante de las vidrieras, saludar sonriendo a un tipo que no tragás[21], aguantarme la cargada del ascensorista[22]… ¡todo por

---

[18] delighted

[19] triste

---

[20] Mohines…manipulative pouts

[21] no…you can't stand

[22] la…the bothersome elevator operator

ochocientos treinta y dos pesos!... No, no vale la pena.

Marta: (*Tenaz*) Con ochocientos treinta y dos pesos comemos casi tres días.

Néstor: Por ochocientos treinta y dos pesos no voy a dejar de darme un gusto.

Marta: (*Descontrolándose*) Por lo menos avisá, llamá, ¡decí algo!

Néstor: No, ni pienso.

Marta: (*Mira la hora, se desespera y se pone de pie.*) Las siete y veinte, ¡Néstor!

NÉSTOR bosteza y se acomoda.

Marta: ¡Está por salirte el aumento!... ¿Te acordás? ¡El aumento!

Néstor: ¡Bah, que se lo metan en el culo[22]!

Marta: ¡Hace dos años que estamos esperándolo!

Néstor: Año más año menos...

Marta: ¡No te lo van a dar!... ¡Con el concepto que tienen de vos!... ¿Te imaginás lo que va a pensar el gerente?

Néstor: (*Natural*) Sí. Va a pensar en él, en una casa más grande, en un coche más nuevo, en un sastre más caro...

Marta: ¡Es una pesadilla! (*Angustiada, imponente. No sabe qué decir. Una pausa y prosigue, con la voz ahogada por los nervios y la desesperación.*) Néstor... Oíme... Decime una cosa... Por favor... ¿Por qué hacés esto, eh? ¿Por qué?

Néstor: Por-que ten-go fia-ca.

Marta: ¡Sí, claro!... Yo entiendo muy bien!... ¡Me parece perfecto!... Pero... ¿Por qué no avisás?

Néstor: Porque si aviso no tiene gracia[23].

Marta: ¿Eh?

Néstor: Sería lo mismo que si fuera a trabajar.

Marta: ¿Cómo lo mismo?

Néstor: Me quedo porque sí, porque se me dan las ganas, ¿entendés? Lo decidí yo mismo, yo solito... Yo soy mi jefe, mi gerente, mi patrón, mi dueño, todo... ¡Yo no tengo que pedirle permiso a nadie!... Yo me mando y me obedezco: <<A ver, Néstor, hoy se me queda en la cama>>. <<Sí, señor Néstor, cómo no.>> <<Ché, Néstor, lea los chistes del diario.>> <<Como usted diga, señor Néstor.>> (*Nota la mirada de MARTA.*) Te creés que estoy chiflado[24], ¡eh! (*Una carcajada y en seguida, muy serio, mirando fijamente a MARTA.*) ¿Sabés una cosa? Nunca hicimos el amor un lunes a la mañana... (*Trata de tocarla.*)

Marta: (*Retrocediendo*) ¿Qué cosa?

Néstor: Claro. Siempre de noche... De mañana, únicamente algún domingo que otro... Pero en días hábiles[25]... (*Aparta las cobijas[26] y trata de agarrarla.*)

Marta: (*Evitándolo*) ¡Dejame, querés!... ¡Lo único que faltaba!

Néstor: (*Deseándola, sonriente*) Vení, acostáte...

Marta: ¡Estás loco, Néstor!

Néstor: Vení, sé buenita...

Marta: ¡Pero!... ¡Cómo se te ocurre que...!

Néstor: Eh, al fin y al cabo soy tu marido, ¿no?

---

[22] que... (vulgar) they can shove it.

[23] no...it's not any fun

[24] loco

[25] días...work days

[26] covers

Marta: ¡Néstor, tenés que avisar!

Néstor: Vení… En un día hábil, de mañana… (*Acentuando*) ¡Un lunes!

Marta: Bueno, está bien… Pero antes llamás a la oficina.

Néstor: (*Tapándose nuevamente*) Ya está: ¡se me fueron las ganas!

Marta: Aunque sea llamalo a Peralta… él puede avisar en Personal.

Néstor: ¡Je, Peralta! Ve un jefe y llora…

Marta: ¡Inventamos algo!… ¡cualquier cosa! Él repite lo que le decimos ¡y listo!

NÉSTOR resopla, toma el diario y lee, cubriéndose la cara.

Marta: (*Plañidera*[27]) ¡A Peralta! ¡Nada más que a Peralta!

Néstor: (*Sin bajar el diario*) Ni que me pongan la picana[28].

Marta: ¡El aumento, Néstor! ¡Son tres mil pesos más!

Néstor: (*Comentando naturalmente*) El diario está lleno de oportunidades, eh… Mirá vos, un jugador de fútbol gana por punto lo que…

Marta: (*Bajito*) Interno 208, por favor… Hola… me podría comunicar con el señor Peralta… gracias… ¿Peralta? Habla la señora de Vignale… Bien y usted… Escuche, Néstor no sabe que le estoy hablando… ¡no, no, ya le voy a explicar! Óigame bien: mi marido no va a ir a trabajar… No, no es nada grave. Hágame un favor. Dé parte en Personal y diga que va a ir mañana a la mañana. Como cosa

suya, ¡eh!… ¿Le mandan el médico? No, no ¡entonces no! ¡No diga nada!… Espere que yo le avise… No, ahora no puedo… ¡No se le vaya a escapar que le hablé!… ¡por favor!… Bueno, gracias… Hasta luego. (*Cuelga y disca nuevamente.*)

¡A verificar!

¿Quién(es)? ¿Dónde? ¿Qué pasó?

Comienza a oírse la voz de NÉSTOR, que mientras se baña tararea[29] *alegremente, con fuerza, ritmo y entusiasmo, la marcha de la Bandera.*

NÉSTOR, acostado, fuma plácidamente. *MARTA, en la <<kitchenette>>, batiendo, pelando o algo por el estilo. Ha decidido mostrarse resignada, compresiva y cariñosa.*

Néstor: (*Intención evidente*) Vení…

Marta: (*Suave, sonriente, pícara.*) No, tengo que hacer…

Néstor: Dale, vení un ratito.

Marta: ¿No ves que no puedo?

Néstor: (*Bajito*) Sos rutinaria, eh… (*Protestando suavemente*) Si no es de noche…

Marta: Después. Termino con esto y voy… ¿Está bien?

Néstor: Y… si no hay más remedio. (*Pausa. Piensa, recuerda.*) Ché, Marta…

Marta: ¿Qué?

Néstor: ¿Sabés de qué tengo ganas?

Marta: ¿De qué?

Néstor: (*Divertido, infantil.*) Quiero la bolsa.

Marta: ¿Eh?

---

[27] moaning
[28] Ni… Not even if they try to force me.

[29] hums

70

Néstor: La bolsa de agua caliente.

Marta: ¿La bolsa?… ¿Y eso?

Néstor: Recién me acordaba de cuando era chico… Cuando estaba resfriado y me traían la bolsa a la cama!… ¡Era de lindo!… Me ponían el termómetro, me hacían té, me compraban revistas, figuritas… ¿Me prepararás la bolsa?

Marta: (*Disimulando su estupor*) Sí… claro que sí… ¿Por qué no? (*Busca la bolsa en el placard[30].*)

Néstor: ¡Sin grupo que era lindo!… Faltaba al colegio, escuchaba las novelas en la radio, dormía hasta las doce, comía en la cama… ¡linda época!… ¿Vos tuviste sarampión[31]?

Marta: (*Como si la respuesta se descontara.*) Sí…

Néstor: (*Con más curiosidad*) ¿Y paperas[32]?

Marta: También.

Néstor: (*Esperanzado*) ¿Tos convulsa[33] tuviste?

Marta: No, eso no.

Néstor: (*Triunfal*) ¡Yo sí!… (*Para deslumbrarla[34]*) ¡Y también tuve un impétigo en la frente!

Marta: ¿Y eso qué es?

Néstor: (*Orgulloso*) ¡Algo inmundo[35]! Una erupción… ¡Tenía toda la frente como podrida[36]!

Marta: No me digas… (*Llena la pava y enciende el gas.*)

Néstor: ¡Sí… una porquería!… (*Extrañado, como si hablara de*

otra persona) De chico quería ser médico…

Marta: (*Esperando que se caliente el agua. Sin mirarlo. Paciente.*) Sí, me contaste…

Néstor: (*Alto, pero más para sí que para ella*) Una vez me regalaron una jeringa… Me pasaba el día en el baño. Llenaba la jeringa con agua y le daba inyecciones a la tapa del inodoro[37]… la anestesiaba para operarla…

MARTA le sonríe convencionalmente, pero nota que no la mira y le da la espalda nuevamente.

¡A verificar!

¿Quién(es)? ¿Dónde? ¿Qué pasó?

---

[30] cupboard

[31] measels

[32] mumps

[33] whooping cough

[34] to impress her

[35] filthy

[36] rotten

[37] tapa… toilet seat

Después de leer

A. Comprensión

Paso 1: Indique si las siguientes oraciones son ciertas o falsas. Corrija las falsas. Indique qué parte del texto apoya su respuesta.

1. A Néstor se le hace fácil olvidarse de sus responsabilidades.
2. Al principio Marta cree que su esposo está bromeando.
3. Normalmente, Néstor es un hombre muy asertivo.
4. Normalmente, Néstor es un hombre muy responsable.
5. Néstor no se siente bien físicamente.
6. A Néstor lo aprecian en el trabajo.
7. Marta entiende lo que Néstor necesita.
8. Néstor quiere que Marta lo mime.

Paso 2: Con un/a compañero/a vuelva a la lista de personajes que se encuentra en **Antes de leer**. Juntos escriban una lista de palabras o expresiones (pueden ser adjetivos, sustantivos o verbos) que asocian con cada personaje.

Paso 3: Complete las siguientes oraciones como si Ud. fuera Marta.

1. Esta mañana mi esposo…
2. Yo no podía creer que él…
3. Él me pidió que…pero yo…

Paso 4: En grupos de cuatro, escriban una ficha con nueve palabras clave que puedan utilizar para hacer un breve resumen de la lectura. Marta, preocupada por las acciones de su esposo, le manda a un terapeuta (therapist). Escriba un resumen del texto como si fuera un reportaje del terapeuta sobre lo que hizo Néstor.

El caso de Néstor Vignale

B. Hablar de gustos

Usando las claves a continuación, complete las siguientes frases, según la lectura y/o usando su imaginación. ¿Qué tiempo verbal se usa después de las expresiones como "gustar"?

1. Néstor/ aburrir/ (que)…

2. Néstor/ interesar/ (que)…

3. Marta/ preocupar/ (que)…

4. Néstor/ no preocupar/ (que)…

5. Néstor/ fastidiar/ (que)…

6. Néstor/ dar igual/ (que)…

C. ¡A dramatizar! Representen una de las siguientes situaciones en grupos de cuatro.

Situación 1: Néstor y Marta empiezan a tener problemas en su relación de pareja porque Néstor se entrega a la fiaca cada vez más y Marta está muy preocupada con la situación. Por eso deciden consultar a una pareja de terapeutas. Uno/a de los terapeutas está maravillado/a con la posibilidad de entregarse completamente a hacer lo que quiera; mientras que el otro/ la otra se identifica más con Marta y manifiesta también su preocupación por su pareja y su relación.

Papel de Néstor y Marta: Néstor habla constantemente de lo que le fascina de la nueva vida de placer que ha descubierto, mientras Marta lo contradice, expresando lo que le preocupa, lo que le interesa y lo que les hace falta como pareja.

Papel de la pareja de terapeutas: Ustedes escuchan a esta pareja que se encuentra en crisis y sin darse cuenta también aprovechan la ocasión para criticar y analizar su vida de pareja. La persona que se identifica con Marta reacciona criticando a su pareja y expresando, como Marta, sus preocupaciones e intereses. La otra persona, como hace Néstor, no puede dejar de hablar de sus gustos.

<u>Situación 2</u>: El día que Néstor faltó al trabajo, él y su esposa decidieron salir y se encuentran con dos compañeros de trabajo. Marta y Néstor justifican su ausencia al trabajo con excusas diferentes y contradictorias. Igualmente, los compañeros de trabajo reaccionan contradiciéndose entre sí.

Papel de Néstor y Marta: Néstor insiste en decir la verdad mientras Marta trata de encubrir todo lo que dice y cambiar la historia.

Papel de los compañeros: Uno le cree a Néstor y se emociona con la idea de no ir al trabajo porque uno tiene fiaca. Otro escucha y reacciona a las excusas de Marta.

D. **Hacia el análisis literario** El diálogo

El diálogo tiene varias funciones, entre ellas las más importantes son: 1) expresar las ideas y los sentimientos de los personajes; 2) revelar información sobre el personaje: su carácter, su personalidad, su clase social, su nivel de educación, su origen nacional o regional.

Al estudiar un diálogo, debemos pensar en su estilo, el ritmo y el tono. Estas características nos revelan mucho en cuanto al personaje que habla, al tema y al punto de vista de la obra. El estilo puede ser elegante, informal, juguetón (*playful*), serio, etc. El ritmo se puede clasificar como animado, lento, o variado. El tono lo determinan no sólo las palabras sino las acotaciones teatrales (*stage directions*) y la misma dirección y actuación de los personajes. Puede ser irónico, sarcástico, sentimental, triste, alegre, rabioso, etc.

1. ¿Cómo clasificaría el <u>estilo</u> del diálogo de "La fiaca"? Explique y dé ejemplos de la obra para apoyar su respuesta.

2. ¿Cómo clasificaría el <u>ritmo</u> del diálogo de "La fiaca"? Explique y dé ejemplos de la obra para apoyar su respuesta.

3. ¿Cómo clasificaría el <u>tono</u> del diálogo de "La fiaca"? Explique y dé ejemplos de la obra para apoyar su respuesta.

4. Busque algunos momentos del diálogo que revelen los sentimientos o el estado emocional de los personajes.

5. Busque algunos momentos o aspectos del diálogo que revelen lo siguiente de Marta y/o de Néstor: su carácter, su clase social, su origen nacional.

E. Las siete metas comunicativas en contexto Escriba dos o tres oraciones para cada meta comunicativa. Preste atención a los puntos gramaticales que debe utilizar para hacer oraciones precisas.

1. Describa a Néstor antes y ahora, en sus propias palabras. Piense en los usos de ser y estar.

2. Compare a Néstor y a Marta.

3. ¿Qué recomienda Ud. que haga Néstor en su día de fiaca? ¿Qué sugiere que haga Marta?

4. Cuando Néstor volvió al trabajo, ¿cómo se disculpó? Haga el papel de Néstor y dígale a su jefe cómo pasó el día que no estuvo.

5. A Néstor le aburre su rutina de vida. ¿Y a Ud.? ¿Qué le complace (*pleases*) de su vida diaria? ¿Qué le aburre? ¿Qué le molesta?

6. Si Ud. se levantara un día y tuviera fiaca, ¿qué haría?

7. Ahora que Néstor ha renunciado a sus responsabilidades por primera vez, ¿cómo cambiará su vida? ¿Qué hará en el futuro? ¿Qué le pasará en el trabajo? ¿Será un buen candidato para un teletrabajo? Explique.

F. El editor exigente: Un editor lee el diálogo entre Marta y Néstor y sugiere lo siguiente:

"Quiero saber qué piensan los colegas de Néstor al ver que no ha llegado al trabajo."

Escriba un diálogo entre dos amigos de Néstor en el que chismeen sobre las posibles razones de la ausencia de Néstor y las consecuencias de su comportamiento irresponsable. Mantenga el estilo y ritmo del diálogo de la obra y use la conjugación de "vos" en su diálogo.

G. ¡A conversar! Converse sobre las siguientes preguntas en grupos pequeños.

1. ¿Qué responsabilidad tienen las compañías para la salud mental y física de sus empleados? ¿Qué deberían hacer las compañías para asegurar que sus empleados se sientan bien física y emocionalmente? ¿Qué beneficios tendrían estas medidas para las compañías?

2. En la mayoría de los países europeos, los empleados tienen derecho a 4-6 semanas de vacaciones al año, además de muchos más días feriados (*national holidays*) de los que hay en los Estados Unidos. ¿Cree Ud. que

hay suficientes días de vacaciones garantizados para los empleados estadounidenses? ¿Por qué sí o por qué no? ¿Hay un estigma para los empleados que deciden usar todos sus días de vacaciones? Explique.

H. Yo poeta A ver cuán creativo/a es Ud. Puede trabajar en parejas o solo/a para crear un poema sencillo de tipo "cinquain". Vea el siguiente modelo y las instrucciones para escribir un "cinquain" en la página 11. Luego escriba un "cinquain" sobre uno de los siguientes temas: la fiaca, el trabajo, Néstor.

Modelo: Marta
Esposa incompresiva
Preocupándose, criticando, rogando
Alimenta la soledad en pareja
Frialdad

Capítulo 4

El cartero de Neruda (Ardiente paciencia)
(selección)
Antonio Skármeta

Sobre la lectura

Antonio Skármeta nació en 1940, en Antofagasta, en el norte de Chile. Durante los setenta, empezó sus estudios en la Universidad de Chile y terminó graduándose de Columbia University en Nueva York. Ha trabajado como escritor, director teatral, guionista de cine y televisión, y profesor universitario y ha vivido en Argentina, Alemania y EEUU. Entre sus novelas, <u>Ardiente paciencia</u>, mejor conocida como <u>El cartero de Neruda</u>, tal vez sea la más famosa. Por sus actividades creativas se le han otorgado honores tales como el título de Caballero de Artes y Letras del Ministerio de Cultura de Francia, la beca (*fellowship*) Guggenheim de los EEUU y la beca del Programa de las Artes de Berlín.

La siguiente lectura proviene de la novela <u>El cartero de Neruda (Ardiente paciencia)</u> (1985). La narración trata de la relación ficticia entre Pablo Neruda, el renombrado poeta chileno, y Mario, el cartero que le lleva el correo durante un tiempo. La historia fue llevada al cine por el mismo autor en 1983, antes de publicarla como novela, pero la adaptación cinematográfica más famosa de la obra es la película <u>Il postino</u> (Italia, 1995). Los que la hayan visto se acordarán de la famosa discusión en torno a la metáfora, inspirada en el siguiente fragmento de la novela.

Nota histórica

Pablo Neruda (1904-1973) es un poeta chileno cuya fama ha alcanzado reconocimiento mundial. El poeta recibió varios premios durante su vida, entre ellos el Premio Lenin de la Paz (1953) y el Premio Nobel de Literatura (1971) y su obra ha sido traducido a muchas lenguas. Además de poeta, Neruda fue cónsul chileno en Asia, Latinoamérica y Europa. El interés por la política lo llevó primero a ocupar un cargo en el senado chileno. Debido a sus tendencias políticas, Neruda estuvo exiliado de Chile desde 1948 hasta 1952. Sus obras poéticas más importantes incluyen <u>Crepusculario</u> (1923), <u>Veinte poemas de amor y una canción desesperada</u> (1924), <u>Residencia en la tierra</u> (1925-1947), <u>Canto general</u> (1950) y <u>Odas elementales</u> (1954). Es uno de los poetas de mayor influencia a nivel mundial en el siglo XX.

Antes de leer

A. **Para discutir** Converse sobre las siguientes preguntas en grupos pequeños.

   1. ¿Le gusta escribir? ¿Cree que hace falta un talento especial para escribir?

   2. ¿A Ud. le relaja el proceso de escribir o le causa mucho estrés? Explique.

   3. ¿Le gusta leer poesía? ¿Quién es su poeta favorito/a? ¿Ha leído la obra de algún poeta hispano/alguna poeta hispana? ¿Quién?

   3. Los grandes poetas deben tener muchas fuentes de inspiración. Si Ud. fuera poeta, ¿de dónde vendría su inspiración?

B. **Vocabulario en contexto** El lenguaje corporal es una manera importantísima de comunicarse. Es fácil incorporar el lenguaje corporal en el cine o el teatro, donde podemos ver a los actores, pero su uso también es importante para crear personajes creíbles en la literatura. En el texto que va a leer, Skármeta menciona 18 partes del cuerpo; mientras lea, trate de visualizar los movimientos corporales que se mencionan.

Paso 1: Vea la siguiente lista de partes del cuerpo, que siguen el orden en el que aparecen en el texto. En grupos de tres, revisen la lista y busquen en un diccionario cualquier palabra que no conozcan. Después, busquen cuatro de las partes del cuerpo en el texto y circulen el verbo que el narrador usa con cada una.

el cuello	la nariz	la lengua
los ojos	los brazos	los dientes
la barbilla	el pecho	el rostro
la mano	el dedo	la cara
el hombro	el codo	el índice
las cejas	el corazón	los párpados

Paso 2: Ya que se aprenden las partes del cuerpo en las primeras clases de lengua, Ud. probablemente reconoció la mayoría de las palabras en la lista anterior. El siguiente paso es aprender los verbos que describen cómo se mueven o qué hacen las diferentes partes del cuerpo. Con un compañero/una compañera, combine los siguientes movimientos con la(s) parte(s) del cuerpo que los produce y escriba seis frases originales usando seis de los verbos y sus partes correspondientes. Siga el modelo. (Acuérdese de que se usa el "se reflexivo" con las partes del cuerpo y ciertos verbos)

Modelo: Arrugar(se) —*La nariz: Marta arrugó la nariz porque olía algo raro.*

arrugar(se) (*to wrinkle*)	latir (*to beat*)
acariciar (*to caress*)	lamer(se) (*to lick*)
cruzar (*to cross*)	fruncir (*to furrow*)
apretar(se) (*to squeeze*)	encoger (*to shrug*)
torcer(se) (*to twist*)	sonrojarse (*to blush*)
apuntar (*to point*)	abofetar (*to slap*)
guiñar (*to wink*)	frotar (*to rub*)
alzar (*to raise*)	sonar(se) (*to blow*)
doblar(se) (*to bend; ref.-bend over*)	oler (*to smell*)

C. **Visualización** Mientras lea, en cuanto aparezcan los siguientes personajes en la lectura, trate de visualizar su apariencia física y los rasgos de su personalidad.

● Mario, el cartero

● Pablo Neruda, el poeta

80

El cartero de Neruda
(selección)

Introducción: Mario, el cartero que le lleva el correo a Pablo Neruda, se interesa mucho por la poesía de éste. Por fin se atreve a hablar con el famoso poeta chileno.

--¿Qué te pasa?

--¿Don Pablo?

--Te quedas ahí parado como un poste.

Mario torció el cuello y buscó los ojos del poeta desde abajo:

--¿Clavado como una lanza[1]?

--No, quieto como torre de ajedrez[2].

--¿Más tranquilo que gato de porcelana?

Neruda soltó la manilla del portón[3], y se acarició la barbilla.

--Mario Jiménez, aparte de *Odas elementales* tengo libros mucho mejores. Es indigno que me sometas a todo tipo de comparaciones y metáforas.

--¿Don Pablo?

--¡Metáforas, hombre!

--¿Qué son esas cosas?

El poeta puso una mano sobre el hombro del muchacho.

--Para aclarártelo más o menos imprecisamente, son modos de decir una cosa comparándolo con otra.

--Deme un ejemplo.

Neruda miró su reloj y suspiró.

--Bueno, cuando tú dices que el cielo está llorando. ¿qué es lo que quieres decir?

--¡Que fácil! Que está lloviendo, pu'.

--Bueno, eso es una metáfora.

--Y ¿por qué, si es una cosa tan fácil, se llama tan complicado?

--Porque los nombres no tienen nada que ver con la simplicidad o complicidad de las cosas. Según tu teoría, una cosa chica que vuela no debiera tener un nombre largo como *mariposa*. Piensa que *elefante* tiene la misma cantidad de letras que *mariposa* y es mucho más grande y no vuela--concluyó Neruda exhausto. Con un resto de ánimo le indicó a Mario el rumbo hacia la caleta[4]. Pero el cartero tuvo la prestancia de decir:

--¡P'tas que me gustaría ser poeta!

--¡Hombre! En Chile todos son poetas. Es más original que sigas siendo cartero. Por lo menos caminas mucho y no engordas. En Chile todos los poetas somos guatones.[5]

Neruda retomó la manilla de la puerta, y se disponía a entrar, cuando Mario mirando el vuelo de un pájaro invisible, dijo:

--Es que si fuera poeta podría decir lo que quiero.

--¿Y qué es lo que quieres decir?

--Bueno, ése es justamente el problema. Que como no soy poeta, no puedo decirlo.

El vate[6] se apretó las cejas sobre el tabique de la nariz.

--¿Mario?

--¿Don Pablo?

--Voy a despedirme y a cerrar la puerta.

--Sí, don Pablo.

--Hasta mañana.

--Hasta mañana.

---

[1] Nailed like a lance
[2] Still like a rook (in chess)
[3] manilla...gate handle
[4] cove
[5] fat
[6] bard, poet

¡A verificar!

¿Quién(es)? ¿Dónde? ¿Qué pasó?

VISUALIZAR **V** Neruda detuvo la mirada sobre el resto de las cartas, y luego entreabrió[7] el portón. El cartero estudiaba las nubes[8] con los brazos cruzados sobre el pecho. Vino hasta su lado y picoteó el hombro con un dedo. Sin deshacer su postura, el muchacho se lo quedó mirando.

--Volví a abrir, porque sospechaba que seguías aquí.

--Es que me quedé pensando.

Neruda apretó los dedos en el codo del cartero, y lo fue conduciendo con firmeza hacia el farol donde había estacionado la bicicleta.

--¿Y para pensar te quedas sentado? Si quieres ser poeta, comienza por pensar caminando. ¿O eres como John Wayne, que no podía caminar y mascar chiclets al mismo tiempo? Ahora te vas a la caleta por la playa y, mientras observas el movimiento del mar, puedes ir inventando metáforas.

--¡Deme un ejemplo!

VISUALIZAR **V** --Mira este poema: "**Aquí en la Isla, el mar, y cuánto mar. Se sale de sí mismo a cada rato. Dice que sí, que no, que no. Dice que sí, en azul, en espuma[9], en galope. Dice que no, que no. No puede estarse quieto. Me llamo mar, repite pegando en una piedra sin lograr convencerla[10]. Entonces con siete lenguas verdes, de siete tigres verdes, la recorre[11], la besa,** la humedece, y se golpea el pecho repitiendo su nombre."

--Hizo una pausa satisfecho--. ¿Qué te parece?

--Raro.

--"Raro." ¡Qué crítico más severo que eres!

--No, don Pablo. Raro no lo es el poema. Raro es como yo me sentía cuando usted recitaba el poema.

--Querido Mario, a ver si te desenredas[12] un poco, porque no puedo pasar toda la mañana disfrutando de tu charla.

--¿Cómo se lo explicara? Cuando usted decía el poema, las palabras iban de acá pa'llá.

--¡Como el mar, pues!

--Sí, pues, se movían igual que el mar.

--Eso es el ritmo.

--Y me sentí raro, porque con tanto movimiento me marié[13].

--Te mareaste.

--¡Claro! Yo iba como un barco temblando en sus palabras.

Los párpados del poeta se despegaron[14] lentamente.

--"Como un barco temblando en sus palabras."

--¡Claro!

--¿Sabes lo que has hecho, Mario?

--¿Qué?

--Una metáfora

--Pero no vale, porque me salió de pura casualidad[15], no más.

--No hay imagen que no sea casual, hijo.

Mario se llevó la mano al corazón, y quiso controlar un aleteo desaforado[16] que le había subido hasta la lengua y que

---

[7] half-opened
[8] clouds
[9] foam,spray
[10] sin...without managing to convince her
[11] travels over her
[12] untangle
[13] made me seasick, dizzy (marear)
[14] opened up
[15] de pura...by pure chance
[16] aleteo... wild flapping

pugnaba por estallar[17] entre sus dientes. Detuvo la caminata, y con un dedo impertinente manipulado a centímetros de la nariz de su <u>emérito</u> cliente, dijo:

--Usted cree que todo el mundo, quiero decir, *todo* el mundo, con el viento, los mares, los árboles, las montañas, el fuego, los animales, las casas, los desiertos, las lluvias...

--...ahora ya puedes decir "etcétera".

--...¡los etcéteras! ¿Usted cree que el mundo entero es la metáfora de algo?

Neruda abrió la boca, y su robusta barbilla pareció desprendérsele[18] del rostro.

--¿Es una huevada[19] lo que le pregunté, don Pablo?

--No, hombre, no.

--Es que se le puso una cara tan rara.

--No, lo que sucede es que me quedé pensando.

Espantó de un manotazo un humo[20] imaginario, se levantó los <u>desfallecientes</u> pantalones y, punzando[21] con el índice el pecho del joven, dijo:

--Mira, Mario. Vamos a hacer un trato. Yo ahora me voy a la cocina, me preparo una omelette de aspirinas para meditar tu pregunta, y mañana te doy my opinión.

--¿En serio, don Pablo?

--Sí, hombre, sí. Hasta mañana.

Volvió a su casa y , una vez junto al portón, se recostó en su madera y cruzó pacientemente los brazos.

--¿No se va a entrar?--le gritó Mario.

--Ah, no. Esta vez espero a que te vayas.

El cartero apartó la bicicleta del farol, hizo sonar jubiloso su campanilla[22], y, con una sonrisa tan amplia que abarcaba poeta y contorno[23], dijo:

--Hasta luego, don Pablo.

--Hasta luego, muchacho.

¡A verificar!

¿Quién(es)? ¿Dónde? ¿Qué pasó?

---

[17] pugnaba...was struggling to explode
[18] detach itself from
[19] stupid thing
[20] Espantó...waved away an imaginary cloud
[21] punching
[22] bell
[23] abarcaba...covered the poet and everything around him

Después de leer

A. Comprensión

Paso 1: Conteste las siguientes preguntas, según la lectura.

1. ¿Cómo explica don Pablo qué es una metáfora para que Mario pueda entenderlo?
2. ¿Cómo le afectó a Mario el poema que le recitó don Pablo?
3. Describa cómo se sintió Mario al saber que había hecho una metáfora sin darse cuenta.
4. ¿Por qué no contestó don Pablo cuando Mario le preguntó si todo el mundo era una metáfora de algo?

Paso 2: Con un compañero/una compañera vuelva a la lista de personajes que se encuentra en **Antes de leer**. Juntos escriban una lista de palabras o expresiones (pueden ser adjetivos, sustantivos o verbos) que asocian con cada personaje.

Paso 3: Complete las siguientes oraciones como si fuera Mario, el cartero. Comparta sus oraciones con un compañero/una compañera.

1. Cuando supe que iba a ser el cartero de Neruda...
2. Quiero ser poeta porque...
3. Mañana cuando vuelva a la casa de don Pablo,...

Paso 4: En grupos de cuatro, escriban una ficha con nueve palabras clave que puedan utilizar para hacer un breve resumen del trozo de El cartero de Neruda que acaban de leer. Luego en parejas preparen el resumen como si fuera una carta que don Pablo escribe a un amigo sobre su intercambio con el cartero.

El cartero de Neruda

B. Las comparaciones

Las metáforas se hacen a base de comparaciones. Mire las siguientes metáforas que vienen del texto.

> "--¿Clavado **como** una lanza?
> --No, quieto **como** torre de ajedrez
> --¿**Más** tranquilo **que** gato de porcelana?"

Con frecuencia, los dichos populares que usamos todos los días son también metáforas. He aquí varios dichos populares en español. Llene los siguientes blancos con la comparación apropiada. El símbolo en paréntesis le indica si la comparación es de igualdad (=) o desigualdad (+ , -). Trate de adivinar qué significan o cuál sería su equivalente en inglés.

1. Está _____ loco _____ una cabra. (+)
2. Ella es _____ cursi _____ un cochinillo con tirantes. (=)
3. _____ vale algo _____ nada. (+)
4. Vale _____ oro _____ pesa. (=)
5. _____ vale pájaro en mano _____ cien volando (+)
6. La curiosidad puede _____ _____ el temor. (+)
7. _____ monta (*is important*) el uno _____ el otro. (=)
8. Mi abuela es _____ sorda _____ una tapia (*adobe wall*). (+)

Muchas veces, en los dichos se suprime el "tan" o "tanto". Mire los ejemplos del texto y complete los siguientes dichos. Luego, trate de adivinar qué significan o cuál sería su equivalente en inglés.

1. Manuel trabaja _____ una fiera (*beast*).
2. Me siento _____ cucaracha en baile de gallinas.
3. Está _____ pez en el agua.
4. Dormí _____ un tronco.

C. ¡A dramatizar!
En parejas, dramaticen una de las siguientes situaciones. Es necesario que considere el contexto de la lectura.

<u>Situación 1:</u> Cuando Mario regresa al pueblo, su jefe le hace muchas preguntas sobre su cliente famoso.

Papel del jefe: Ud. quiere saber cómo es la casa, cómo le trata don Pablo a Mario, cuántas cartas recibe el poeta, de dónde vienen las cartas, cómo es la esposa de Neruda, etc.

Papel de Mario: A Ud. todavía le fascina el concepto de la metáfora que acaba de discutir con don Pablo. Conteste todas las preguntas de su jefe con metáforas.

<u>Situation 2</u>: Un joven universitario/una joven universitaria entra en un café y encuentra a una persona famosa a quien siempre ha admirado. Decidan primero quién va a ser la persona famosa.

Papel del joven/de la joven: Ud. se siente nervioso y empieza a actuar un poco raro y hacer preguntas tontas. Después de la sorpresa inicial, se compone y empieza una conversación normal.

Papel de la persona famosa: Al principio no le interesa hablar con este fanático/esta fanática pero después accede y empieza a abrirse.

D. Hacia el análisis literario *La caracterización*

Los autores usan muchos recursos para desarrollar sus personajes y darles vida propia y credibilidad. La caracterización puede ser <u>directa</u>, en la que se describe al personaje con adjetivos y con información personal (edad, profesión, educación, etc.) o <u>indirecta</u>, en la que las palabras y las acciones del personaje nos revelan información. Entre las herramientas de caracterización se encuentran el diálogo (lo que dice un personaje y cómo lo dice), las acciones de los personajes y las palabras del narrador.

La caracterización de Mario en *El cartero de Neruda* es magistral. Piense en la manera en que se desarrolla su personaje en el trozo que acaba de leer para contestar las siguientes preguntas.

1. ¿Cómo es Mario? Primero, piense en adjetivos que Ud. usaría para describirlo y después busque adjetivos en el texto que usen el personaje de Neruda o el narrador. ¿Se usan muchos adjetivos para describir a Mario?

2. ¿Qué aspectos del habla de Mario nos dan claves de cómo es como persona? Dé ejemplos concretos de la lectura.

3. ¿Qué acciones de Mario nos proveen información sobre su personalidad o su carácter? Busque ejemplos específicos en el texto.

4. ¿Es la caracterización de Mario <u>directa</u> o <u>indirecta</u>? ¿Qué tipo de información provee el narrador sobre Mario?

5. Busque los dos o tres momentos en el texto que, en su opinión, son los más reveladores en cuanto a la personalidad de Mario.

E. Las siete metas comunicativas en contexto Escriba dos o tres frases para cada meta comunicativa. Preste atención a los puntos gramaticales que debe utilizar para hacer las oraciones precisas.

 1. Describa a Pablo Neruda en sus propias palabras.

 2. Compare a Mario y a don Pablo.

 3. Mario dice que le gustaría ser escritor pero que no tiene nada que decir. ¿Qué le recomienda a Mario que haga para poder escribir bien? Dele tres o cuatro sugerencias.

 4. ¿Cómo fue la juventud de Mario? Usando la información que puede adivinar de la lectura, sobre su educación, su clase social, su experiencia social, invente cómo pasó Mario su niñez.

 5. ¿Qué le interesa a Mario de su trabajo como cartero? ¿Qué le molesta? Y, ¿a don Pablo? ¿Qué le gusta de ser poeta? ¿Qué le fastidia?

 6. Si Ud. tuviera ganas de escribir algo (poesía, narrativa), ¿qué haría para prepararse y para entrar en el proceso de escritura?

 7. Es obvio que los dos hombres tienen una relación especial. ¿Cómo cambiará el uno al otro? ¿Qué le pasará a Mario? ¿Cómo aprovechará (*take advantage of*) de sus intercambios (*exchanges*) con el gran poeta?

F. El editor exigente: Un editor lee este trozo de la novela y le pide al autor unos cambios:

"Me gustaría saber más sobre el aspecto físico de los dos hombres"

Escriba dos párrafos que describan la apariencia física de los dos personajes. Mantenga el estilo y tono de la narrativa de Skármeta. Decida dónde se deberían insertar los párrafos en el texto y cómo conectarlos bien con el resto de la obra.

G. ¡A conversar! Converse sobre las siguientes preguntas en grupos de tres o cuatro.

1. Tal vez hoy en día la expresión poética que más influye a los jóvenes es la música. ¿Cree que la música que Ud. escucha es poética? ¿Qué músicos o grupos tienen las canciones más poéticas? Justifique su opinión.

2. Hable sobre la pregunta que Mario le hizo a don Pablo, "¿Usted cree que el mundo entero es la metáfora de algo?". ¿Por qué es una pregunta difícil? ¿Qué opina Ud.?

H. Yo poeta A ver cuán creativo/a es Ud. Puede trabajar en parejas o solo/a para crear un poema sencillo de tipo "cinquain". Vea el siguiente modelo y las instrucciones para escribir un "cinquain" en la página 11. Luego escriba un "cinquain" sobre **uno** de los siguientes temas: la poesía, Mario, el mar.

Modelo: Pablo Neruda
               Reconocimiento mundial
               Crear, inspirar, compartir
               Un cartero curioso le fascina
               Maestro

Capítulo 5

"El banquete"
Julio Ramón Ribeyro

Sobre la lectura

Julio Ramón Ribeyro (1929-1994) nació en Lima, Perú, y se mudó en 1952 a París, donde permaneció hasta su muerte. Es considerado uno de los cuentistas peruanos de mayor influencia. Es especialmente conocido por sus historias realistas sobre la vida de la ciudad, que critican la clase media peruana. Entre sus obras se encuentran la colección de relatos El gallinazo sin plumas (1955), la novela Crónica de San Gabriel (1960) y su relato maestro Silvio en el Rosedal (1976).

El cuento a continuación, "El banquete", trata de un hombre de la clase media que quiere entrar en la alta sociedad y ganarse el favor del presidente de la república. En el cuento se puede observar con muchos detalles todos los preparativos que hace el protagonista para un banquete que dará en honor al presidente. ¿Conseguirá lo que pretende?

Nota histórico-cultural

El Perú se divide en tres zonas: la costa, la sierra (los Andes) y la selva. Esta división se expresa no sólo geográfica sino culturalmente también. La costa se considera la región más cosmopolita, europea y moderna. Es el centro del gobierno porque allí se encuentra la capital, Lima. La sierra se caracteriza como el lugar de lo indígena y de una cultura sumamente conservadora y tradicional. La selva se clasifica como primitiva.

Durante los años 50, por razones económicas y también porque la modernización del país hacía más fácil la comunicación y la transportación entre la costa y la sierra, empezaron unas grandes migraciones de la sierra a la costa. La gente más pobre llegó buscando trabajo, la más rica, buscando más contacto con el mundo moderno y con los centros de poder gubernamental y económico.

El cuento "El banquete" trata precisamente de un hombre de la aristocracia serrana (de la sierra), un hacendado (dueño de hacienda), que se muda a Lima y que quiere integrarse a la vida de la aristocracia costeña. Trata de tener una casa y de hacer un banquete que demuestren un nivel de sofisticación. Como verán, Ribeyro revela más bien la falta de sofisticación del protagonista.

Antes de leer

A. **Para discutir** Converse sobre las siguientes preguntas en grupos pequeños.

1. ¿Alguna vez ha hecho Ud. algo para ganarse el favor de alguien? Explique.

2. ¿Qué preparativos haría si fuera a dar un banquete para el presidente del país?

3. ¿Cree Ud. que los favores políticos son una barbaridad o un resultado natural de nuestro sistema de gobierno? Explique su respuesta.

B. **Vocabulario en contexto**

Es posible entender la idea principal de una sección de un texto si Ud. reconoce ciertas palabras que le puedan indicar el significado general.

Paso 1: Circule todas las palabras que conoce en los siguientes párrafos sacados del cuento "El banquete". Luego, adivine qué quiere decir las palabras en negrita.

1. ...don Fernando se vio obligado a renovar todo el **mobiliario** desde las consolas del salón hasta el último banco de la repostería. Luego vinieron las alfombras, las lámparas, las cortinas y los cuadros para cubrir esas paredes que desde que estaban limpias parecían más grandes. Finalmente, como dentro del programa estaba previsto un concierto en el jardín, fue necesario construir un jardín.

    a. furnishings   b. house   c. banquet hall

2. El día del banquete, los primeros en llegar fueron los **soplones**. Desde las cinco de la tarde apostados[1] en la esquina, esforzándose por guardar un incógnito que traicionaban sus sombreros, sus modales exageradamente distraídos y sobre todo ese terrible aire de delincuencia que adquieren a menudo los investigadores, los agentes secretos y en general todos los que desempeñan oficios clandestinos.

    a. waiters   b. secret service agents   c. guests

3. Cuando todos estos detalles quedaron ultimados, don Fernando constató con cierta angustia que en ese banquete, al cual asistirían ciento cincuenta personas, cuarenta mozos de servicio, dos orquestas, un cuerpo de ballet y un operador de cine, había invertido toda su fortuna. Pero al fin de cuentas, todo **dispendio** le parecía pequeño para los enormes beneficios que pequeño para los enormes beneficios que obtendría de esta recepción.

--Con una embajada en Europa y un ferrocarril a mis tierras de la montaña rehacemos nuestra fortuna en menos de lo que canta un gallo--decía a su mujer--Yo no pido más. Soy un hombre modesto.

    a. trouble   b. expense   c. support

Paso 2: A veces nos encontramos con una palabra que no conocemos, pero que comparte raíz con otra que sí sabemos. Podemos usar la palabra que ya sabemos para adivinar el significado de la palabra nueva. Fíjese en las palabras subrayadas de las siguientes citas, tomadas de "El banquete". Primero, indique si la palabra o la frase subrayada sirve como adjetivo, adverbio, sustantivo, o verbo. Luego, adivine su significado. Finalmente, indique la palabra que le ayudó a entender la palabra nueva. La primera le puede servir de modelo.

1. Se trataba de un <u>caserón</u>" *sustantivo, huge house, casa*

2. "<u>agrandar</u> las ventanas".

3. "Don Fernando, quien empezaba a <u>inquietarse</u> por la <u>tardanza</u>..."

4. "El <u>portero</u> les abría la verja (gate)"

5. "Cuando todos los burgueses del <u>vecindario</u> se habían arremolinado (gathered) delante de la mansión..."

6. "...se vio obligado a correr de grupo en grupo para <u>reanimarlos</u> con copas de menta..."

7. "...se fueron a dormir con el <u>convencimiento</u> de que nunca antes caballero limeño había tirado con más gloria su casa por la ventana..."

C. **Visualización** Mientras lea, en cuanto aparezcan los siguientes personajes en la lectura, trate de visualizar su apariencia física y los rasgos de su personalidad.

● Fernando Pasamano, el protagonista

● La señora de Pasamano, la esposa de Fernando

● El Presidente del Perú

● Los invitados al banquete

92

"El banquete"

 VERIFICAR

Con dos meses de anticipación, don Fernando Pasamano había preparado los pormenores[2] de este magno suceso. **En primer término, su residencia hubo de sufrir una transformación general. Como se trataba de un caserón antiguo, fue necesario echar abajo[3] algunos muros, agrandar las ventanas, cambiar la madera de los pisos y pintar de nuevo todas las paredes.** Esta reforma trajo consigo otras y--como esas personas que cuando se compran un par de zapatos juzgan que es necesario estrenarlos con calcetines nuevos y luego con una camisa nueva y luego con un terno[4] nuevo y así sucesivamente hasta llegar al calzoncillo[5] nuevo--don Fernando se vio obligado a renovar todo el mobiliario[6] desde las consolas del salón hasta el último banco de la repostería[7]. Luego vinieron las alfombras, las lámparas, las cortinas y los cuadros para cubrir esas paredes que desde que estaban limpias parecían más grandes. Finalmente, como dentro del programa estaba previsto un concierto en el jardín, fue necesario construir un jardín. En quince días, una cuadrilla[8] de jardineros japoneses edificaron, en lo que antes era una especie de huerta[9] salvaje, un maravilloso jardín rococó donde había cipreses tallados[10], caminitos sin salida[11], laguna de peces rojos, una gruta para las divinidades[12] y un puente rústico de madera, que cruzaba sobre un torrente imaginario.

Lo más grave, sin embargo, fue la confección del menú. Don Fernando y su mujer, como la mayoría de la gente proveniente del interior, sólo habían asistido en su vida a comilonas[13] provinciales, en las cuales se mezcla la chicha[14] con el whisky y se termina devorando los cuyes[15] con la mano. Por esta razón sus ideas acerca de lo que debía servirse en un banquete al presidente eran confusas. La parentela, convocada a un consejo especial, no hizo sino aumentar el desconcierto[16]. Al fin, don Fernando decidió hacer una encuesta en los principales hoteles y restaurantes de la ciudad y así pudo enterarse de que existían manjares[17] presidenciales y vinos preciosos que fue necesario encargar por avión a las viñas del mediodía[18].

Cuando todos estos detalles quedaron ultimados, don Fernando constató[19] con cierta angustia que en ese banquete, al cual asistirían ciento cincuenta personas, cuarenta mozos de servicio, dos orquestas, un cuerpo de ballet y un operador de cine, había

---

[2] details
[3] echar…to take down
[4] suit
[5] underwear
[6] furniture
[7] pantry
[8] team
[9] orchard
[10] cipreses… sculpted cypress trees
[11] caminitos… labyrinth
[12] gruta… cavernous structure for statues of gods and goddesses
[13] feasts
[14] corn liquor
[15] guinea pigs (South American delicacy)
[16] unease
[17] foods
[18] viñas…vineyards of the south
[19] understood

invertido toda su fortuna. Pero al fin de cuentas[20], todo dispendio le parecía pequeño para los enormes beneficios que obtendría de esta recepción.

--Con una embajada en Europa y un ferrocarril a mis tierras de la montaña rehacemos nuestra fortuna en menos de lo que canta un gallo[21] --decía a su mujer--Yo no pido más. Soy un hombre modesto.

¡A verificar!

¿Quién(es)? ¿Dónde? ¿Qué pasó?

--Falta saber si el presidente vendrá--replicaba su mujer.

En efecto, don Fernando había omitido hasta el momento hacer efectiva su invitación. Le bastaba saber que era pariente del presidente--con uno de esos parentescos serranos[22]--tan vagos como indemostrables y que, por lo general, nunca se esclarecen[23] por temor de encontrarles un origen adulterino--para estar plenamente seguro que aceptaría. Sin embargo, para mayor seguridad, aprovechó su primera visita al palacio para conducir al presidente a un rincón y comunicarle humildemente su proyecto.

--Encantado--le contestó el presidente--. Me parece una magnífica idea. Pero por el momento me encuentro muy ocupado. Le confirmaré por escrito mi aceptación.

Don Fernando se puso a esperar la confirmación. Para combatir su impaciencia, ordenó algunas reformas complementarias que le dieron a su mansión el aspecto de un palacio afectado para alguna mascarada[24]. Su última idea fue ordenar la ejecución de un retrato del presidente--que un pintor copió de una fotografía--y que él hizo colocar en la parte más visible de su salón.

Al cabo de cuatro semanas, la confirmación llegó. Don Fernando, quien empezaba a inquietarse por la tardanza, tuvo la más grande alegría de su vida. Aquel fue un día de fiesta, una especie de anticipo del festín que se aproximaba. Antes de dormir, salió con su mujer al balcón para contemplar su jardín iluminado y cerrar con un sueño bucólico esa memorable jornada. El paisaje, sin embargo, parecía haber perdido sus propiedades sensibles pues donde quiera que pusiera los ojos, don Fernando se veía a sí mismo, se veía en chaqué[25], en tarro[26], fumando puros, con una decoración de fondo donde--como en ciertos afiches[27] turísticos--se confundían los monumentos de las cuatro ciudades más importantes de Europa. Más lejos, en un ángulo de su quimera[28], veía un ferrocarril regresando de la floresta con sus vagones cargados de oro. Y por todo sitio, movediza y transparente como una alegoría de la sensualidad, veía una figura femenina que tenía las piernas de una cocotte[29], el sombrero de una marquesa, los ojos de una tahitiana y absolutamente nada de su mujer.

---

[20] when all is said and done
[21] rooster
[22] from the mountains
[23] to become more clear
[24] costume ball
[25] tailcoat
[26] top hat
[27] posters
[28] daydream
[29] prostitute (French)

94

¡A verificar!

¿Quién(es)? ¿Dónde? ¿Qué pasó?

El día del banquete, los primeros en llegar fueron los soplones[30]. Desde las cinco de la tarde apostados[31] en la esquina, esforzándose por guardar un incógnito que traicionaban sus sombreros, sus modales exageradamente distraídos y sobre todo ese terrible aire de delincuencia que adquieren a menudo los investigadores, los agentes secretos y en general todos los que desempeñan oficios clandestinos.

Luego fueron llegando los automóviles. De su interior descendían ministros, parlamentarios, diplomático, hombres de negocios, hombres inteligentes. Un <u>portero</u> les abría la verja[32], un ujier[33] los anunciaba, un valet recibía sus prendas[34] y don Fernando, en medio del vestíbulo, les estrechaba la mano, murmurando frases corteses y conmovidas.

Cuando todos los burgueses del <u>vecindario</u> se habían arremolinado[35] delante de la mansión y la gente de los conventillos se hacía a una fiesta de fasto[36] tan inesperado, llegó el presidente. Escoltado[37] por sus edecanes[38] penetró en la casa y don

Fernando, olvidándose de las reglas de la etiqueta, movido por un impulso de compadre, se le echó en los brazos con tanta simpatía que le dañó una de sus charreteras[39].

Repartidos por los salones, los pasillos, la terraza y el jardín, los invitados se bebieron discretamente, entre chistes y epigramas, los cuarenta cajones de whisky. Luego se acomodaron en las mesas que les estaban reservadas--la más grande, decorada con orquídeas, fue ocupada por el presidente y los hombres ejemplares--y se comenzó a comer y a charlar ruidosamente mientras la orquesta, en un ángulo del salón, trataba inútilmente de imponer un aire vienés[40].

A mitad del banquete, cuando los vinos blancos del Rhin habían sido honrados y los tintos del Mediterráneo comenzaban a llenar las copas, se inició la ronda de discursos. La llegada del faisán[41] los interrumpió y sólo al final, servido el champán, regresó la elocuencia y los panegíricos[42] se prolongaron hasta el café, para ahogarse definitivamente en las copas de coñac.

Don Fernando, mientras tanto, veía con inquietud que el banquete, pleno de salud ya, seguía sus propias leyes, sin que él hubiera tenido ocasión de hacerle al presidente sus confidencias. A pesar de haberse sentado, contra las reglas del protocolo, a la izquierda del agasajado[43], no encontraba el instante propicio para hacer un aparte[44]. Para colmo, terminado el servicio, los

---

[30] secret service agents
[31] stationed
[32] iron gate
[33] usher
[34] articles of clothing
[35] gathered
[36] pageantry
[37] accompanied
[38] assistants

---

[39] epaulettes
[40] Viennese
[41] pheasant
[42] eulogistic
[43] guest of honor
[44] hacer... take the president aside

comensales[45] se levantaron para formar grupos amodorrados y digestónicos y él, en su papel de anfitrión, se vio obligado a correr de grupo en grupo para reanimarlos con copas de menta, palmaditas[46], puros y paradojas.

¡A verificar!

¿Quién(es)? ¿Dónde? ¿Qué pasó?

Al fin, cerca de la medianoche, cuando ya el ministro de gobierno, ebrio[47], se había visto forzado a una aparatosa[48] retirada, don Fernando logró conducir al presidente a la salita de música y allí, sentados en tino de esos canapés que en la corte de Versalles servían para declararse a una princesa para desbaratar[49] una coalición, le deslizó[50] al oído su modesta demanda.

--Pero no faltaba más[51]--replicó el presidente--. Justamente queda vacante en estos días la embajada de Roma. Mañana, en consejo de ministros, propondré su nombramiento, es decir, lo impondré. Y en lo que se refiere a ferrocarril sé que hay en diputados una comisión que hace meses discute ese proyecto. Pasado mañana citaré a mi despacho[52] a todos sus miembros y a usted también, para que resuelvan el asunto en la forma que más le convenga.

Una hora después el presidente se retiraba, luego de haber reiterado sus promesas. Lo siguieron sus ministros, el congreso, etcétera, en el orden preestablecido por los usos y costumbres. A las dos de la mañana quedaban todavía merodeando[53] por el bar algunos cortesanos que no ostentaban ningún título y que esperaban aún el descorchamiento[54] de alguna botella o la ocasión de llevarse a hurtadillas[55] un cenicero[56] de plata. Solamente a las tres de la mañana quedaron solos don Fernando y su mujer. Cambiando impresiones, haciendo auspiciosos proyectos, permanecieron hasta el alba[57] entre los despojos[58] de su inmenso festín. Por último, se fueron a dormir con el convencimiento de que nunca antes caballero limeño[59] había tirado con más gloria su casa por la ventana[60] ni arriesgado su fortuna con tanta sagacidad[61].

A las doce del día, don Fernando fue despertado por los gritos de su mujer. Al abrir los ojos, la vio penetrar en el dormitorio con un periódico abierto entre las manos. Arrebatándoselo[62], leyó los titulares y, sin proferir una exclamación, se desvaneció[63] sobre la cama. En la madrugada, aprovechándose de la recepción, un ministro había dado un golpe de estado y el presidente había sido obligado a dimitir[64].

---

[45] fellow diners
[46] backslaps
[47] drunk
[48] spectacular
[49] thwart
[50] slipped
[51] no…don't mention it
[52] office

[53] prowling
[54] uncorking
[55] a…on the sly
[56] ashtray
[57] dawn
[58] debris
[59] from Lima
[60] había…had so magnificently spent more than he could afford
[61] cleverness
[62] Tearing it away from her
[63] fainted
[64] resign

Después de leer

A. Comprensión

Paso 1: Conteste las siguientes preguntas, según la lectura.

1. ¿Qué cambios hace don Fernando en su casa en preparación para el banquete?
2. ¿Estaba acostumbrado don Fernando a dar banquetes tan elegantes? ¿Cómo lo sabe Ud.?
3. ¿Cuánto gastó don Fernando en el banquete?
4. ¿Qué favores quiere pedirle don Fernando al presidente?
5. ¿Quiénes asistieron al banquete?
6. ¿Qué se sirvió en el banquete?
7. ¿Cómo recibió don Fernando al presidente? ¿Fue una recepción apropiada?
8. ¿Pudo hablar don Fernando con el presidente? ¿Cuándo?
9. ¿Qué respondió el presidente a lo que le pidió don Fernando?
10. ¿De qué se enteraron don Fernando y su mujer al día siguiente? ¿Qué había pasado durante el banquete?

Paso 2: Con un/a compañero/a vuelva a la lista de personajes que se encuentra en Antes de leer. Juntos escriban una lista de palabras o expresiones (pueden ser adjetivos, sustantivos o verbos) que asocian con cada personaje.

Paso 3: Complete las siguientes oraciones como si fuera el Sr. Pasamanos. Comparta sus oraciones con un compañero/una compañera.

1. Quiero impresionar al presidente, por eso…
2. Cuando por fin, casi a medianoche, pude hablar con el presidente, me prometió …
3. Al día siguiente me despertaron los gritos de mi mujer, quien me anunció que…

Paso 4: En grupos de cuatro, escriban una ficha con nueve palabras clave que puedan utilizar para hacer un breve resumen de una de las siguientes partes del cuento de Ribeyro: (a) los preparativos para la fiesta , (b) el día de la fiesta. Compartan sus fichas con el resto de la clase. Luego, en parejas, escriban el resumen como si fuera una carta de agradecimiento escrita por una invitada, en la que alabe las renovaciones y la elegancia del banquete.

El Banquete

B. Hipótesis

Paso 1 Haga una lista de tres cosas que Ud. haría si fuera un invitado/una invitada al banquete de los Pasamano.

Paso 2: Si "El banquete" fuera una película, a qué actores escogería Ud. para hacer los papeles del Sr. Pasamano, la Sra. Pasamano y el presidente. Explique por qué escogería a estos actores.

Paso 3: Haga una lista de tres cosas que Ud. haría después del golpe de estado si fuera don Fernando.

<u>Modelo</u>: Si fuera don Fernando, contrataría (*I would hire*) a un guardaespaldas (*bodyguard*).

Paso 4: Ahora indique tres cosas que habría hecho de manera diferente si hubiera sido don Fernando. Luego, haga lo mismo con el presidente. Utilice acciones específicas del cuento.

<u>Modelo</u>: Si hubiera sido don Fernando, no habría cambiado mi casa. Si hubiera sido el presidente, no habría descuidado mi gobierno.

Paso 5: Con un compañero/una compañera, comparen sus listas. ¿En qué se asemejan (are similar)? ¿En qué se diferencian? ¿Qué habrían hecho Uds. si fueran los protagonistas del cuento?

C. ¡A dramatizar! Dramaticen una de las siguientes situaciones en parejas.

<u>Situación 1</u>: Una conversación entre dos invitados que están muy sorprendidos por todo lo que los señores Pasamano han gastado en el banquete.

Papel del invitado A/de la invitada A: A Ud. le disgusta lo extravagante y cursi que es el banquete. Exprese su desdén (disdain) por todo lo que ve.

Papel del invitado B/de la invitada B: Ud. comprende por qué los Pasamano han invertido tanto para ganar el apoyo del presidente. Defienda sus acciones y explíquele a su compañero/a las ventajas de tratar bien a los gobernantes.

Situation 2: Su tía es presidente de una universidad prestigiosa. Un amigo/una amiga le pide que Ud. le ayude a conseguir una entrevista especial con ella.

Papel del amigo/ de la amiga: Ud. está desesperado/a por asistir a esa universidad. Le ruega a su amigo/a que lo/la ayude.

Papel del sobrino/de la sobrina: Ud. no cree que usar las relaciones familiares para pedir favores sea apropiado y no permite que su amigo/a le obligue a hablar con su tía.

D. Hacia el análisis literario *La ironía*

La ironía es un recurso mediante el cual el autor puede transmitir información o su opinión sobre los eventos narrados de manera indirecta. La ironía se puede encontrar a nivel de lenguaje y tono, cuando el escritor exagera algún asunto, dice lo contrario de lo que debe decir o dice menos de lo que hay que decir. La ironía también se encuentra a nivel de trama. En este caso, podemos hablar de dos tipos de ironía: la ironía circunstancial ocurre cuando el lector se entera de la ironía de la situación al mismo tiempo que los personajes, en el momento culminante; la ironía dramática existe cuando el lector está al tanto de la ironía de la situación, o sea que lo sabe antes de que lo sepan los personajes.

1. ¿Cuál es la ironía del cuento "El banquete"?

2. Busque al menos tres ejemplos de ironía a nivel de lenguaje o tono en "El banquete".

3. ¿Es "El banquete" un ejemplo de ironía circunstancial o dramática? Explique su respuesta.

4. En su opinión, ¿es efectivo el uso de la ironía en el cuento? Explique su respuesta.

E. **Las siete metas comunicativas en contexto** Escriba dos o tres oraciones para cada meta comunicativa. Preste atención a los puntos gramaticales que debe utilizar para hacer oraciones precisas.

 1. Describa la casa de don Fernando después de las renovaciones.

 2. Compare a don Fernando y al presidente. Puede usar su imaginación.

 3. Haga dos reacciones a lo que hizo don Fernando y dos recomendaciones sobre qué debería hacer en el futuro.

 4. ¿Qué pasó durante el banquete? Describa con más detalle el golpe de estado. Piense en qué habrá dicho el periódico.

 5. ¿Qué le gustó del cuento? ¿Qué le molestó? ¿Qué le sorprendió?

 6. Si Ud. fuera la esposa de don Fernando, ¿qué haría y qué le diría?

 7. ¿Qué pasará con el presidente después del golpe? Invente su futuro.

F. **El editor exigente** Un editor lee el cuento y le pide al autor unos cambios:

"Me gustaría saber qué pasó con los esposos Pasamano."

Escriba otro final de uno o dos párrafos que revelen qué pasó con los esposos Pasamano después del banquete.

Paso 1: Prepare la columna de su historia; haga una lista de los verbos en el pretérito que avanzan la acción de su historia. Después, prepare una lista de los verbos en el imperfecto que formarán la carne de su historia.

Paso 2: Ahora escriba su historia. Mantenga el estilo algo formal y tono irónico de la narrativa de Ribeyro. Use los conectores apropiados.

G. **¡A conversar!** Converse sobre las siguientes preguntas en grupos pequeños.

1. ¿Han leído o han oído algo sobre favores políticos que se han hecho recientemente? ¿Cuáles eran? ¿Cuál es su opinión sobre ellos?

2. ¿Son necesarios los favores políticos, o sería posible que nuestro sistema de gobierno funcionara sin ellos? ¿Son los favores políticos indicio de la corrupción gubernamental? Explique su respuesta.

2. ¿Son necesarios los favores políticos, o sería posible que nuestro sistema de gobierno funcionara sin ellos? ¿Son los favores políticos indicio de la corrupción gubernamental? Explique su respuesta.

3. Si Ud. fuera político, ¿se aprovecharía del sistema de favores o rechazaría los favores y regalos? ¿Por qué?

E. **Yo poeta** A ver cuán creativo/a es Ud. Puede trabajar en parejas o solo/a para crear un poema sencillo de tipo "cinquain". Vea el siguiente modelo y las instrucciones para escribir un "cinquain" en la página 11. Luego escriba un "cinquain" sobre uno de los siguientes temas: la Sra. Pasamano, los favores políticos, la ambición

Modelo: Don Fernando
Ambicioso, soñador
Renovar, gastar, soñar
Reforma la casa con esperanza
Desilución

Capítulo 5
"El sueño del pongo"
José María Arguedas

Sobre la lectura

Este cuento, de origen indígena moderno, fue escuchado, escrito en quechua y luego traducido al español por el escritor peruano José María Arguedas (1911-1969). Arguedas fue el máximo representante del movimiento literario "neo-indigenista". El "indigenismo" fue un movimiento literario, artístico y cultural de finales del siglo XIX y prinicipios del siglo XX, en el que los escritores, artistas, antropólogos, políticos, etc., se preocupaban por la situación y las necesidades de la gente indígena de su momento. El "neo-indigenismo" profundiza esas preocupaciones, y en su manifestación literaria, trata de dar al lector una visión íntima y realista del mundo indígena actual. Arguedas, un antropólogo que se crió entre indios quechuas de la sierra peruana y que hablaba su lengua perfectamente, es uno de los grandes intelectuales latinoamericanos, conocido principalmente por sus novelas Yawar Fiesta (1941), Los ríos profundos (1958), Todas las sangres (1964) y El zorro de arriba y el zorro de abajo (1971).

Nota histórico-cultural

El Perú, como sus países vecinos, Bolivia y Ecuador, tiene un fuerte componente indígena. Como probablemente ya sabrá, la capital del imperio inca, El Cuzco, se encuentra en los Andes peruanos y los indígenas de hoy descienden de esta gran cultura precolombina. Hoy en día se estima que en el Perú los indígenas componen un 30-35% de la población general. Durante la época en la que escribió Arguedas (aproximadamente 1930-1970), este porcentaje era mucho mayor. En la Sierra andina, lugar donde se sitúa gran parte de la narrativa arguediana, el porcentaje llegaba a un 80% en las zonas urbanas y a un 99% en el campo. Esta población disfrutaba y disfruta aún hoy, una cultura única, marcada por su propia vestimenta, música, baile, creencias religiosas, comida y lengua (quechua o aymara).

Para mejor entender el cuento que va a leer, hay que saber algo sobre cómo se estructuraba la sociedad andina en ese momento. En la cima (peak) de la pirámide social se encontraban los blancos, que eran los dueños de las haciendas, los funcionarios del gobierno y los líderes religiosos. Bajo este grupo estaban los mestizos, que vivían una cultura mezclada entre la hispana-europea y la indígena. El tercer estrato era el indígena y se dividía entre los comuneros, miembros de comunidades independientes, y los colonos, que vivían y trabajaban en las haciendas. En el estrato más bajo de la sociedad andina se encontraba el pongo, un hombre que vivía en la casa de una hacienda, casi en el nivel de esclavo. Para los indígenas, el pongo ocupaba el peor lugar dentro de la jerarquía social, ya que vivía lejos de su familia y de la comunidad indígena. Era, en efecto, un huérfano (orphan) cultural. En "El sueño del pongo", Arguedas describe la condición miserable en la que vivían los pongos y un intento de venganza de parte de uno.

Antes de leer

A. **Para discutir** Converse sobre las siguientes preguntas en grupos pequeños.

1. En su opinión, ¿quiénes son los miembros más desamparados (helpless) de nuestra sociedad?

2. ¿Cómo trata la gente rica o de clase media a los pobres?

3. ¿Cree Ud. en la justicia divina? Explique.

B. **Vocabulario en contexto** Decida el significado de cada palabra subrayada según el contexto.

1. Un hombrecito <u>se encaminó a</u> la casa-hacienda de su <u>patrón</u>.

a. se dirigió a / jefe   b. salió de/ compañero   c. se sentó en / maestro

2. …el patrón <u>martirizaba</u> siempre al pongo delante de la <u>servidumbre</u>.

a. alababa / sirvientes   b. castigaba / sirvientes   c. apoyaba / gente

3. … cuando el corredor estaba <u>colmado</u> de toda la gente de la hacienda…

a. vacío   b. muy lleno   c. abierto

4. …<u>embadurna</u> el cuerpo de este hombre con el excremento…

a. cubrir completamente   b. lavar   c. dar un masaje

Nota lingüística

Una de las preocupaciones centrales de la literatura de José María Arguedas es buscar cómo mejor expresar el habla indígena en su literatura. En su época (y en muchas circunstancias todavía ahora) tanto los indígenas como los mestizos y los blancos de los Andes hablaban quechua,[1] pero en la narrativa tenían que expresarse en español, ya que la gran mayoría de los lectores no hablaban quechua. Arguedas no quería que los personajes indígenas aparecieran hablando una versión caricaturesca del español (como pasaba a menudo en otras novelas de la época) sino que hablaran un español que de alguna manera expresara la riqueza léxica y sintática de la lengua.

---

[1] Los mestizos y los blancos normalmente hablaban español entre sí y quechua con la gente indígena.

Por eso, Arguedas creó un nuevo lenguaje literario, un español que reflejaba el quechua que los personajes de verdad estarían hablando. Mientras lea "El sueño del pongo", fíjese en algunas de las características de esta habla creada por Arguedas: el sobreuso (overuse) del gerundio, la repetición en serie del mismo concepto dicho de varias maneras y el uso excesivo del diminutivo.

Ejemplo:
--Padre mío, señor mío, corazón mío-- empezó a hablar el hombrecito. --Soñe anoche que habíamos muerto los dos juntos; juntos habíamos muerto--.

C. **Visualización** Mientras lea, en cuanto aparezcan los siguientes personajes en la lectura, trate de visualizar su apariencia física y los rasgos de su personalidad.

- El pongo, el protagonista

- El amo (master)

- La gente indígena

- El ángel joven

- El ángel viejo

"El sueño del pongo"

VOCABULARIO · VISUALIZAR · VERIFICAR

Un hombrecito se encaminó a la casa-hacienda de su patrón. Como era siervo[2] iba a cumplir el turno de pongo, de sirviente en la gran residencia. Era pequeño, de cuerpo miserable, de ánimo[3] débil, todo lamentable; sus ropas, viejas.

El gran señor, patrón de la hacienda, no pudo contener la risa cuando el hombrecito lo saludó en el corredor de la residencia.

--¿Eres gente u otra cosa?--le preguntó delante de todos los hombres y las mujeres que estaban de servicio.

Humillándose[4], el pongo no contestó. Atemorizado, con los ojos helados, se quedó de pie

--¡A ver!--dijo el patrón--, por lo menos sabrá lavar ollas, siquiera podrá manejar la escoba, con esas manos que parece que no son nada. ¡Llévate esta inmundicia[5]!--ordenó al mandón de la hacienda.

Arrodillándose[6], el pongo le besó las manos al patrón y, todo agachado[7], siguió al mandón hasta la cocina.

El hombrecito tenía el cuerpo pequeño, sus fuerzas eran sin embargo como las de un hombre común. Todo cuanto le ordenaban hacer lo hacía bien. Pero había un poco de espanto[8] en su rostro; algunos siervos se reían de verlo

así, otros lo compadecían[9]. <<Huérfano[10] de huérfanos; hijo del viento de la luna debe ser el frío de sus ojos, el corazón pura tristeza>>, había dicho la mestiza cocinera, viéndolo.

El hombrecito no hablaba con nadie; trabajaba callado; comía en silencio. Todo cuanto le ordenaban cumplía. <<Sí, papacito; Sí, mamacita>>, era cuanto solía decir.

Quizá a causa de tener una cierta expresión de espanto, y por su ropa tan haraposa[11] y acaso[12], también, porque no quería hablar, su patrón sintió un especial desprecio[13] por el hombrecito. Al anochecer, cuando los siervos se reunían para rezar[14] el Ave Maria, en el corredor de la casa-hacienda, a esa hora, el patrón martirizaba siempre al pongo delante de toda la servidumbre; lo sacudía como a un trozo de pellejo[15].

Lo empujaba de la cabeza y lo obligaba a que se arrodillara, y así, cuando ya estaba hincado[16], le daba golpes suaves en la cara.

--Creo que eres perro. ¡Ladra!--le decía.

El hombrecito no podía ladrar.
--Ponte en cuatro patas --le ordenaba entonces.

El pongo obedecía, y daba unos pasos en cuatro pies.
--Trota de costado[17], como perro--seguía ordenándole el hacendado.

---

[2] servant
[3] spirits
[4] humbling himself
[5] filfth
[6] kneeling down
[7] bent over
[8] fear
[9] felt compassion
[10] orphan
[11] raggedy
[12] thin
[13] contempt
[14] pray
[15] hide
[16] kneeling
[17] sideways

El hombrecito sabía correr imitando a los perros pequeños de la puna.

El patrón reía de muy buena gana; la risa le sacudía[18] el cuerpo.

--¡Regresa!--le gritaba cuando el sirviente alcanzaba trotando el extremo del gran corredor.

El pongo volvía, corriendo de costadito. Llegaba fatigado.

Algunos de sus semejantes, siervos, rezaban mientras tanto, el Ave María, despacio rezaban, como viento interior en el corazón.

--¡Alza[19] las orejas ahora, vizcacha[20]! ¡Vizcacha eres!--mandaba el señor al cansado hombrecito--. Siéntate en dos patas; empalma las manos.

Como si en el vientre[21] de su madre hubiera sufrido la influencia modelante de alguna vizcacha, el pongo imitaba exactamente la figura de uno de estos animalitos, cuando permanecen quietos, como orando sobre las rocas. Pero no podía alzar las orejas.

Golpeándolo[22] con la bota, sin patearlo fuerte, el patrón derribaba al hombrecito sobre el piso de ladrillo del corredor.

--Recemos el Padrenuestro--decía luego el patrón a sus indios, que esperaban en fila.

El pongo se levantaba a pocos, y no podía rezar porque no estaba en el lugar que le correspondía ni ese lugar correspondía a nadie.

En el oscurecer los siervos bajaban del corredor al patio y se dirigían al caserío de la hacienda.

--¡Vete, pancita!--solía ordenar, después, el patrón al pongo.

¡A verificar!

¿Quién(es)? ¿Dónde? ¿Qué pasó?

Y así, todos los días, el patrón hacía revolcarse[23] a su nuevo pongo, delante de la servidumbre. Lo obligaba a reírse, a fingir llanto[24]. Lo entregó a la mofa[25] de sus iguales, los colonos.

Pero... una tarde, a la hora del Ave María, cuando el corredor estaba colmado de toda la gente de la hacienda, cuando el patrón empezó a mirar al pongo con sus densos ojos, ése, ese hombrecito, habló muy claramente. Su rostro seguía como un poco espantado.

--Gran señor, dame tu licencia; padrecito mío, quiero hablarte -dijo.

El patrón no oyó lo que oía.

--¿Qué? ¿Tú eres quien ha hablado u otro?--preguntó.

--Tu licencia, padrecito, para hablarte. Es a ti a quien quiero hablarte -repitió el pongo.

--Habla... si puedes--contestó el hacendado.

--Padre mío, señor mío, corazón mío--empezó a hablar el hombrecito--. Soñé anoche que habíamos muerto los dos juntos; juntos habíamos muerto.

--¿Conmigo? ¿Tú? Cuenta todo, indio--le dijo el gran patrón.

--Como éramos hombres muertos, señor mío, aparecimos desnudos, los dos juntos; desnudos ante nuestro gran Padre San Francisco.

---

[18] shook
[19] raise
[20] a rodent of the Andes
[21] womb
[22] hitting him

[23] roll around
[24] pretend to cry
[25] mockery

--¿Y después? ¡Habla!--ordenó el patrón, entre enojado e inquieto por la curiosidad.

--Viéndonos muertos, desnudos, juntos, nuestro gran Padre San Francisco nos examinó con sus ojos que alcanzan[26] y miden[27] no sabemos hasta qué distancia. Y a ti y a mí nos examinaba, pesando, creo, el corazón de cada uno y lo que éramos y lo que somos. Como hombre rico y grande, tú enfrentabas esos ojos, padre mío.

--¿Y tú?

--No puedo saber cómo estuve, gran señor. Yo no puedo saber lo que valgo[28].

--Bueno. Sigue contando.

--Entonces, después, nuestro Padre dijo con su boca: <<De todos los ángeles, el más hermoso que venga. A ese incomparable que lo acompañe otro ángel pequeño, que sea también el más hermoso. Que el ángel pequeño traiga una copa de oro, y la copa de oro llena de miel[29] de chancaca más transparente>>.

--¿Y entonces?--preguntó el patrón.

Los indios siervos oían, oían al pongo con atención, sin cuenta pero temerosos.

--Dueño mío: apenas nuestro gran Padre San Francisco dio la orden, apareció un ángel, brillando, alto como el sol; vino hasta llegar delante de nuestro Padre, caminando despacio. Detrás del ángel mayor marchaba otro pequeño, bello, de luz suave como el resplandor de las flores. Traía en las manos una copa de oro.

--¿Y entonces?--repitió el patrón.

--<<Ángel mayor: cubre a este caballero con la miel que está en la copa de oro; que tus manos sean como plumas[30] cuando pasen sobre el cuerpo del hombre>>, diciendo ordenó nuestro gran Padre. Y así el ángel excelso, levantando la miel con sus manos, enlució tu cuerpecito, todo, desde la cabeza hasta las uñas de los pies. Y te erguiste[31], solo; en el resplandor del cielo la luz de tu cuerpo sobresalía, como si estuviera hecho de oro, transparente.

--Así tenía que ser--dijo el patrón, y luego preguntó:

--¿Y a ti?

--Cuando tú brillabas en el cielo, nuestro gran Padre San Francisco volvió a ordenar: <<Que de todos los ángeles del ciclo venga el de menos valer, el más ordinario. Que ese ángel traiga en un tarro de gasolina excremento humano>>.

--¿Y entonces?

--Un ángel que ya no valía, viejo, de patas escamosas, al que no le alcanzaban las fuerzas para mantener las alas en su sitio, llegó ante nuestro gran Padre; llegó bien cansado, con las alas chorreadas, trayendo en las manos un tarro grande. <<Oye, viejo--ordenó nuestro gran Padre a ese pobre ángel--, embadurna[32] el cuerpo de este hombrecito con el excremento que hay en esa lata que has traído; todo el cuerpo, de cualquier manera; cúbrelo como puedas. ¡Rápido!>> Entonces, con sus manos nudosas, el ángel viejo, sacando el excremento de la lata, me cubrió, desigual, el cuerpo, así como se echa barro en la pared de una casa ordinaria, sin cuidado. Y aparecí avergonzado, en la luz del

---

[26] reach
[27] measure
[28] I'm worth
[29] honey

[30] feathers
[31] raised up
[32] cover

cielo, apestando[33]...

    --Así mismo tenía que ser--
afirmó el patrón--. ¡Continúa! ¿O todo
concluye allí?

    --No, padrecito mío, señor mío.
Cuando nuevamente, aunque ya de otro
modo, nos vimos juntos, los dos, ante
nuestro gran Padre San Francisco, él
volvió a mirarnos, también nuevamente,
ya a ti ya a mí, largo rato. Con sus ojos
que colmaban[34] el cielo, no sé hasta qué
honduras[35] nos alcanzó, juntando la
noche con el día, el olvido con la
memoria. Y luego dijo: <<Todo cuanto
los ángeles debían hacer con ustedes ya
está hecho. Ahora ¡lámanse[36] el uno al
otro! Despacio, por mucho tiempo. El
viejo ángel rejuveneció a esa misma
hora; sus alas recuperaron su color
negro, su gran fuerza. Nuestro Padre le
encomendó[37] vigilar[38] que su voluntad[39]
se cumpliera[40].

¡A verificar!

¿Quién(es)? ¿Dónde? ¿Qué pasó?

---

[33] stinking
[34] filled
[35] depths
[36] lick each other
[37] charged
[38] ensure
[39] will
[40] fulfilled

Después de leer

A. **Comprensión**

Paso 1: Conteste las siguientes preguntas, según la lectura.

1. ¿Qué adjetivos utiliza el autor para describir al pongo?
2. ¿Cómo trataba el patrón al pongo? ¿Qué quería que hiciera el pongo?
3. ¿Por qué dice el pongo, "Yo no puedo saber lo que valgo"?
4. ¿Cómo eran los dos ángeles a quienes llamó San Francisco?
5. ¿Qué ordenó San Francisco que los ángeles les hicieran al patrón y al pongo?
6. ¿Qué ordenó que hicieran el patrón y el pongo al final?

Paso 2: Con un/a compañero/a vuelva a la lista de personajes que se encuentra en **Antes de leer**. Juntos escriban una lista de palabras o expresiones (pueden ser adjetivos, sustantivos o verbos) que asocian con cada personaje.

Paso 3: Complete las siguientes oraciones como si Ud. fuera el patrón. Comparta sus oraciones con un compañero/una compañera.

1. Tengo un pongo que es…
2. Me encanta que él…
3. Pero un día, me contó,…
4. No puedo creer que en el sueño…

Paso 4: En grupos de cuatro, escriban una ficha con nueve palabras clave que puedan utilizar para hacer un breve resumen de las dos cartas. Luego, en parejas preparen el resumen como si fuera otro sirviente que ha visto el maltrato y la venganza (*revenge*) del pongo y está contando los eventos a su esposa.

El sueño del pongo

B. Reacciones

Reaccione a lo que pasó en el cuento, según lo resumen las siguientes oraciones. Trate de usar diferentes expresiones para reaccionar (Es horripilante que…, No es justo que…, Es verdad que…,etc.). Tenga cuidado con los tiempos verbales.

1. Normalmente, la gente indígena en el Perú es muy pobre.
2. Los pongos sufren más que nadie.
3. Los pongos obedecen a sus patrones.
4. El patrón pidió que el pongo actuara como un perro.
5. El patrón se burlaba del pongo.
6. En el sueño del pongo, San Francisco ordenó que cubrieran al patrón de miel y al pongo de excremento.
7. Al final, los dos tuvieron que lamerse el uno al otro.

C. ¡A dramatizar! Dramatice una de las siguientes situaciones en parejas.

<u>Situación 1</u>: Diálogo entre un empleado/ una empleada del patrón y el mandón (foreman) de la hacienda.

Papel del empleado/ de la empleada: Usted trabaja para el patrón del pongo y ha sido testigo del abuso al que éste fue sujeto. En este momento Ud. está indignado/ a y confronta al mandón por su falta de solidaridad con su gente, que como él, es indígena. Exprésele qué cosas habría hecho diferentes si Ud. fuera el mandón.

Papel del mandón: Ud. responde a las preguntas que le hace y se defiende. También explica por qué le tiene tanto miedo al patrón.

<u>Situación 2</u>: Diálogo entre el patrón y San Francisco

Papel del patrón: Ud. reacciona a la orden de San Francisco de lamer al pongo. Obviamente, Ud. se niega rotundamente a actuar así con una persona tan inferior, como es el pongo, y le expresa a San Francisco qué Ud. haría si tuviera el poder divino que él tiene.

Papel de San Francisco: Ud. escucha pacientemente las quejas y protestas del patrón. Después de recordarle las barbaridades que él ha cometido contra el pongo, le explica cómo Ud. trataría a sus empleados si fuera patrón.

<u>Situación 3</u>: Diálogo entre un/a representante de la comunidad indígena ante un miembro del congreso.

Papel del/ de la representante: Ud. le expone a un miembro del congreso las condiciones de vida de los miembros de su comunidad. Discuta qué leyes o proyectos pudieran ayudar a mejor la calidad de vida de su comunidad.

Papel del/ de la congresista: Ud. reacciona a los reclamos del / de la representante de la comunidad indígena y le explica cómo Ud. contribuiría al desarrollo de su comunidad si fuera reelecto/ a como congresista.

D. **Hacia el análisis literario** *El tema*

El tema es el significado o la idea central de una obra; es el mensaje principal que el autor nos quiere comunicar (y claro, es posible encontrar varios temas en una misma obra). En un ensayo, artículo u otro tipo de escritura expositiva, el tema se comunica directamente, a menudo al principio de la obra. Sin embargo, en una obra creativa el tema se comunica de manera indirecta, por medio de los personajes, sus acciones y sus diálogos, el punto de vista del narrador, el uso de las metáforas y la ironía, en fin, por medio de una variedad de recursos literarios. En una obra literaria ningún detalle es gratuito. Por eso es muy importante que el lector esté alerta y se fije bien en cada detalle para poder captar el tema o los temas de la obra.

Trabajen en grupos de dos o tres para contestar las siguientes preguntas sobre el tema de "El sueño del pongo".

1. En su opinión, ¿cuál es el tema central del cuento? Después de discutirlo y llegar a un acuerdo, escriban dos o tres frases para expresar el tema de manera concisa y concreta.
2. ¿Cuáles son los recursos literarios que mejor revelan el tema de este cuento? Dé ejemplos concretos del texto para apoyar su respuesta.

E. **Las siete metas comunicativas en contexto** Escriba dos o tres oraciones para cada meta comunicativa. Preste atención a los puntos gramaticales que debe utilizar para hacer oraciones precisas.

D 1. Describa al pongo y al patrón en sus propias palabras. Busquen evidencia en el texto para apoyar su descripción.

C 2. Compare a los dos ángeles.

R 3. El patrón todavía tiene tiempo para salvarse. Dele tres recomendaciones sobre cómo cambiar su vida y mejorarla para no sufrir después de su muerte.

4. Hable sobre un momento en su pasado en el que Ud. o alguien que Ud. conoce retó (*challenged*) a una persona en una posición de autoridad. ¿Por qué lo retó? ¿Cuál fue su reacción?

 5. ¿Qué le gustó del cuento? ¿Qué le molestó? ¿Qué le sorprendió?

 6. Si Ud. fuera el dueño de una hacienda, ¿cómo trataría a los trabajadores? ¿Qué beneficios les daría? ¿Cuánto les pagaría? ¿Qué les exigiría?

 7. ¿Cómo cambiará la relación entre el pongo y el patrón ahora que el pongo le ha contado su sueño?

F. El editor exigente: Un editor lee el cuento y le pide al autor unos cambios:

"Me gustaría saber la reacción del patrón al escuchar el sueño del pongo."

Escriba uno o dos párrafos que el los que el patrón reaccione a lo que le contó el pongo. La reacción puede ser abierta (o sea, expresada en un diálogo) o bien puede ser un monólogo interior en el que el patrón piense sobre lo que acaba de escuchar. Mantenga el estilo y tono de la narrativa de Arguedas.

G. ¡A conversar! Converse sobre las siguientes preguntas en grupos pequeños.

1. ¿Es posible eliminar la desigualdad social? ¿Qué se podría hacer para disminuir las diferencias de nivel de vida entre clases sociales o grupos étnicos? ¿Es necesario, o incluso deseable, eliminar las diferencias?

2. ¿Cuál es la venganza del pongo? ¿Cree que sea una venganza efectiva? Explique.

3. Ahora en las escuelas se habla mucho del multiculturalismo y el respeto a la dignidad de todos los seres humanos. ¿Es posible enseñar esto en las escuelas? ¿Qué se puede hacer? ¿Efectuará algún cambio en la sociedad?

H. Yo poeta A ver cuán creativo/a es Ud. Puede trabajar en parejas o solo/a para crear un poema sencillo de tipo "cinquain". Vea el siguiente modelo y las instrucciones para escribir un "cinquain" en la página 11. Luego escriba un "cinquain" sobre **uno** de los siguientes temas: el pongo, la justicia, la venganza.

Modelo: Patrón
Crueldad insufrible
Burlar, humillar, desamar
¿Por qué goza del sufrimiento?
Abusador

Capítulo 6
Única mirando al mar
(selección)
Fernando Contreras Castro

Sobre la lectura

Fernando Contreras Castro nació en 1963 en San Ramón, Costa Rica. Tiene una Licenciatura en Filología española y Maestría en Literatura española de la Universidad de Costa Rica, donde trabaja como profesor e investigador en la Escuela de Humanidades desde 1990. Ha publicado cuentos y ensayos en varias revistas costarricenses. Única mirando al mar, publicada en 1993, es su primera novela. Se trata de una mujer, Única, jubilada (*retired)* del sistema de educación pública antes de tiempo, "por esa costumbre que tiene la gente de botar (*throw away*) lo que aún podría servir largo tiempo," que vive en un basurero municipal (*city waste dump*) con un niño que adoptó (El Bacán) y un compañero (Momboñombo Moñagallo) que encontró casi muerto en el basurero. El "mar" del título es el basurero; allí viven unos cien "buzos", personas que viven de usar o vender lo que encuentren al "bucear" (*scuba dive*) entre la basura.

Antes de leer

A. **Para discutir** Converse sobre las siguientes preguntas en grupos pequenos.

1. ¿Cree Ud. que la basura es un gran problema hoy en día? ¿Por qué? ¿Qué se puede hacer para remediarlo?

2. ¿Ha visto a personas que viven de la basura que otros botan? ¿Cómo será la vida de estas personas? ¿Por qué vivirán así?

3. ¿Cree Ud. que el gobierno sea responsable por la calidad de vida de los pobres? ¿Cree Ud. que este trabajo pertenezca mejor a una organización privada, como las organizaciones sin fines de lucro (non-profit) o las iglesias? Explique y comente sobre qué programas ayudan o podrían ayudar a los pobres.

B. **Vocabulario en contexto** En el siguiente ejercicio Ud. practicará algunas estrategias útiles para acercarse al vocabulario nuevo y para decidirse por la palabra o expresión más apropiada para entender el texto. Lea las frases sacadas de Única mirando al mar y escoja una de las cuatro estrategias a continuación para lidiar con (deal with) la palabra subrayada (underlined). Marque a, b, c ó d después de cada frase para indicar qué estrategia Ud. cree que sea la mejor para cada caso.

a. Usar el contexto de la frase como clave para adivinar (guess) el significado de la palabra.

b. Adivinar el significado porque la palabra se parece a otra que ya conoce o es un cognado.

c. Saltar (skip) la palabra porque no parece tan importante para entender la frase.

d. Buscar la palabra en un diccionario porque parece esencial para entender el significado de la frase.

1. "...Entre la <u>llovizna</u> persistente y los vapores de aquel mar sin <u>devenir</u>, los últimos camiones, ahora vacíos, se alejaban para comenzar otro día de recolección."

2. "Los <u>buzos</u> <u>diurnos</u> comenzaban a desperezarse, a abrir las puertas de sus <u>tugurios</u> edificados en los precarios de las playas reventadas del mar de los peces de aluminio reciclable."

3. "...todo el día removían y <u>amontonaban</u> basura..."

4. "...el aire aquí es <u>malsano</u>."

5. "Los que vivimos aquí tenemos que aguantarnos el mal olor y las <u>cochinadas de los zopilotes</u>, las moscas y las cucarachas..."

6. "...todos somos más esclavos de lo que usted se imagina, es como si estuviéramos <u>amarrados</u> de pies y manos a este basurero..."

7. "..hay cosas que no se ven si uno no <u>afina</u> el ojo y cosas que no se huelen si uno no <u>afina</u> la nariz."

8. "...por aquí no <u>se arrima</u> nunca un médico ni un trabajador social..."

C. **Visualización** Mientras lea, en cuanto aparezcan los siguientes personajes o lugares en la lectura, trate de visualizar su apariencia física y los rasgos de su personalidad.

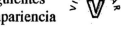

● Los buzos   ● El Bacán

● El basurero   ● Momboñombo Moñagallo

Única mirando al mar

VOCABULARIO · VISUALIZAR · VERIFICAR

Aquí el narrador describe una mañana típica en el basurero:

…Entre la llovizna persistente y los vapores de aquel mar sin devenir[1], los últimos camiones, ahora <u>vacíos</u>, se alejaban para comenzar otro día de recolección. Los buzos habían extraído varios cargamentos importantes de las profundidades de su mar muerto y antes de que los del turno del día llegaran a sumar[2] sus brazados[3], se apuraban a seleccionar sus presas[4] para la venta en las distintas recicladoras de <u>latas</u>, botellas y papel, o en las fundidoras de metales más pesados.

Los buzos diurnos[5] comenzaban a desperezarse[6], a abrir las puertas de sus tugurios[7] edificados en los precarios de las playas reventadas[8] del mar de los peces de aluminio reciclable. Los que vivían más lejos, se preparaban para subir la cuesta de arcilla[9] fosilizada que contenía desde hacía ya veinte años el paradero[10] de la mala conciencia de la ciudad.
…

Salvo el descanso del almuerzo y el del café de la tarde, todo el día removían y amontonaban basura, como una marea[11] artificial, de oeste a este, de adelante hacia atrás, con la vista fija en las palas, mientras las poderosas orugas[12] vencían los espolones[13] de plástico de las nuevas cargas que depositaban los camiones recolectores; de adelante hacia atrás, todo el día, como herederos del castigo de Sísifo[14] sin haber ofendido a los dioses con ninguna astucia[15] particular.

¡A verificar!

¿Quién(es)? ¿Dónde? ¿Qué pasó?

Los habitantes de las casas vecinas del basurero <u>se hartan</u> de la suciedad y del olor y empiezan una huelga de protesta en las calles de San José. Por fin el gobierno se ve obligado a encontrar una solución a la contaminación producida por las 800 toneladas de basura que se botan diariamente. Decide cerrar el basurero municipal y contratar a una compañía privada que se encargará de recolectar la basura y botarla lejos de la ciudad. Esta decisión provoca angustia entre los buzos, quienes no solamente perderán acceso al basurero privado sino también a su única manera de sobrevivir. Momboñombo le escribe la siguiente carta al Presidente de Costa Rica para hacerle tomar conciencia de la situación de los buzos y pedirle ayuda.

"Estimado Señor Presidente de la República:

---

[1] futuro
[2] total up
[3] armfuls
[4] catch
[5] daytime
[6] despertarse
[7] dwellings
[8] bursting
[9] clay
[10] resting place
[11] tide
[12] (mechanical) caterpillars
[13] breakwaters
[14] Sisiphus
[15] cunningness, trick

Muy respetuosamente le mando esta carta para ponerlo al tanto de un gravísimo problema que usted ya conoce.

Mi nombre es Momboñombo Moñagallo, o mejor dicho, mi nuevo nombre, pues lo uso desde el día en que me vine a vivir aquí al precario de Rió Azul entre la comunidad de los buzos.

Nunca antes había escrito una carta, ni una carta ni gran cosa. La <u>ortografía</u> va de memoria, eso sí todavía no me falla, y las oraciones ahí van, como Dios quiera.

Por lo que he estado leyendo los últimos meses de la clausura del basurero, me veo en la necesidad de hablar en nombre de los que conformamos la comunidad de los buzos. Como usted ya sabe, habemos[16] cientos de personas que vivimos de lo que la gente bota a la basura y aunque como dice doña Única, mi mujer, que más de la mitad de lo que la gente bota no es basura, sea como sea, la verdad es que nosotros vivimos de eso.

No es que nos opongamos al cierre del basurero, no estamos ni a favor ni en contra, sino todo lo contrario.

Nosotros estamos de acuerdo con los vecinos de Rió Azul y San Antonio de Desamparados, ya aquí no se puede vivir de la hediondez[17] y el mosquero[18]. Pasamos enfermos todo el tiempo, El Bacán, mi hijo adoptivo, padece de un asma que ni para qué le cuento, a veces no nos deja dormir de los ataques que le dan, y eso es por vivir aquí en el precario porque nunca hay aire puro para que corra y juegue. Mire, Señor Presidente, yo nunca había padecido[19] de nada, sólo una vez tuve una gravedad[20] pero eso fue hace muchos años y ya ni me acuerdo de qué fue, pero apenas me vine a vivir aquí padezco de los bronquios que es un gusto y me salen salpullidos[21] por todas partes y eso es porque aquí el aire es malsano.

¡A verificar!

¿Quién(es)? ¿Dónde? ¿Qué pasó?

Entonces, para que usted vea, soy de la opinión de que el basurero hay que cerrarlo, pero es que no es ese el problema, el problema es que, y no sé si usted ya se ha puesto a pensar en eso, el problema es que ¿qué vamos a hacer nosotros?, ¿de qué vamos a vivir cuando el basurero lo cierren?, porque sería muy fácil decir que es que nos vamos a cambiar de casa, que ahora vamos a vivir en Esparza o en Puntarenas, o donde pongan el basurero, pero como usted sabe, porque lo dicen los periódicos todos los días, el basurero va a ser privado, o sea que lo más público del mundo que, es la basura, ahora resulta que va a ser privada y dicen que no nos van a dejar ni vivir ahí, que sería mucho mejor que aquí porque el mar está cerca y el aire del mar es bueno para los bronquios, ni nos van a dejar ir a bucear allá, y es que no es ese el problema, el problema es que si existiera otra cosa que nosotros pudiéramos hacer para ganarnos el pan, pero mucha gente aquí no sabe ni leer ni escribir ni hacer otra cosa que rebuscarse[22] una platilla[23] con lo que se encuentran en el basurero.

---

[16] somos
[17] stench
[18] las muchas moscas
[19] sufrido

[20] enfermedad
[21] rashes
[22] buscar
[23] dinero

Yo le escribo esta carta porque aunque usted dice que el basurero de Rió Azul está tan sólo a cinco kilómetros de Casa Presidencial y que ahí no ha pasado nada, tal vez usted no sepa lo difícil que es para nosotros ganarnos el pan. Los que vivimos aquí tenemos que aguantarnos e mal olor y las cochinadas[24] de los zopilotes[25], las moscas y las cucarachas que son peores, porque por lo menos las moscas duermen, pero las cucarachas trabajan jornada[26] continua y hay de noche y de día. Y los que bucean por las calles de San José; no solo se tienen que aguantar que de todo lado los corran porque riegan[27] la basura, sino que también viven respirando el humo de los carros y esa es otra porquería[28] que enferma a la gente.

    Mire, Señor Presidente de la República, el caso es que no está bien que hayamos personas que tengamos que vivir entre la basura, pero tampoco es el caso de que a todos nosotros nos dejen morirnos de hambre ahora que la basura va a estar en manos de la empresa privada. Yo he oído eso de que la empresa privada produce libertad y no está nada mal que nos liberaran de vivir aquí como presos, porque nuestra única falta es haber nacido pobres, pero tampoco se puede decir que uno es libre si se está muriendo de hambre. Yo he leído muchas veces eso que dijo San Guineti[29] de que donde hay un

costarricense, esté donde esté; hay libertad, y será que yo no soy muy religioso que digamos pero yo a ese santo no lo conozco y por eso me atrevo a contradecirlo, porque aquí habemos muchos costarricenses y ninguno es libre, todos pasamos más penurias[30] que los que están en la peni[31] y todos somos más <u>esclavos</u> de lo que usted se imagina, es como si estuviéramos amarrados[32] de pies y manos a este basurero y ahora que los periódicos dicen que lo van a cerrar, imagínese usted, es como si de pronto Dios mandara a decir que va a cerrar el mundo y que lo va a pasar para <u>Marte</u>, imagínese usted, que haríamos nosotros. Usted me podría decir que ya hay cohetes[33] para ir a Marte, pero y si el mundo que van a abrir allá fuera privado, ¿qué? Porque nosotros también tenemos pies como para ir caminando hasta el nuevo basurero, la cosa es que si no nos van a dejar entrar ¿para qué nos sirven?

    Yo soy un caso aparte, yo me vine a vivir aquí en parte porque me dio la gana, yo me boté a la basura, pero aquí hay tanta gente, como El Bacán, por ejemplo, que nació aquí y este es el único mundo que conoce. ¿Qué va a hacer El Bacán?, lo único que él sabe hacer es leer, ¿de qué va a vivir cuando le faltemos Única y yo? Y así hay tanta gente que sólo vive de lo que los demás

---

[24] disgusting messes
[25] buzzards
[26] shift
[27] scatter
[28] filfth
[29] Se refiere a Julio María Sanguinetti, presidente del Uruguay de 1995-2000, quien pronunció sobre el país centroamericano, "Donde hay costarricense, hay libertad". Con su poca

educación, Momboñombo entiende que el nombre es de un santo. El uso de humor y los comentarios de Momboñombo ponen en duda la afirmación del uruguayo.

---

[30] dificultades
[31] penitenciaría (cárcel)
[32] tied
[33] rockets

botan que yo francamente no sé qué va a pasar. Yo les hablo, pero no sé si me entienden, yo les digo que tal vez hablando con usted algo se pueda hacer, yo les digo que yo hasta conocía su papá, que tal vez usted me quiera escuchar porque aunque estemos tan cerca de la casa presidencial yo sé que hay cosas que no se ven si uno no afina[34] el ojo y cosas que no se huelen si uno no afina la nariz.

¡A verificar!

¿Quién(es)? ¿Dónde? ¿Qué pasó?

Tal vez lo que nosotros necesitemos también sea una de esas famosas movilidades laborales de las que tanto hablan los diarios, para que nos pongan a trabajar en otra cosa y nos den garantías sociales, **porque por aquí no se arrima[35] nunca un médico ni un trabajador social, aquí no se arriman ni siquiera esos panderetas[36] que andan en los buses hablándole a la gente de la perdición de sus almas[37]**, mientras hay aquí cientos de almas que se están muriendo pero de hambre y de asma. Tal vez si usted nos consiguiera trabajo en otra parte donde nos enseñen a hacer algo útil, claro, y mientras nuestros niños pueden ir a la escuela, y que nos den una casita humilde pero por lo menos mejor que los cartones y las latas de cinc en las que vivimos, y entonces si quieren privatizar la porquería que la privaticen, pero sin dejarnos sin sustento a todas las personas que vivimos aquí.

Usted podría pensar que qué nos va a poner a hacer, si no sabemos hacer nada y que cómo nos van a dar casitas a nosotros que todo lo destrozamos[38] para venderlo; pero piense primero que nada de eso lo hemos hecho los pobres por malos que somos o por mal agradecidos, no, cuando un pobre hace eso con la casa que le regalaron, es sencillamente porque no sabe hacer otra cosa, eso lo hace como por un instinto pero no natural sino aprendido, yo sé que no hay instintos aprendidos, pero le pongo el ejemplo porque yo creo que así es como funciona la cosa, como un instinto aprendido. Pero si usted nos consiguiera buenas condiciones para que no tuviéramos que hacer esas cosas, yo le garantizo que algo bueno podría salir de todo esto, sobre todo porque toda esta gente de aquí es gente que si se adaptaron a vivir entre la basura, ya no hay a qué no se puedan adaptar y es sólo un poquito de educación lo que necesitan. Yo que ya llevo varios meses viviendo entre ellos le podría ayudar, con mucho gusto, a ver por donde comenzamos a educar a esta gente, porque son buenas personas, **lo malo es que se visten muy feo y no se bañan y huelen muy mal aunque ya a mí no me huelen a nada, pero eso no es culpa de nosotros porque aquí ni agua hay, pero si usted los conociera vería que yo tengo razón y que no es justo que hayan gentes que tengan que vivir así.** Lo demás me gustaría decírselo personalmente, por lo que espero que usté nos conteste pronto esta carta y nos escuche.
En espera de su amable atención se despide.

Momboñombo Moñagallo

---

[34] fine-tune
[35] viene
[36] jabberers
[37] souls

---

[38] destruimos

Después de leer

A. Comprensión

Paso 1: Indique si las siguientes oraciones son ciertas o falsas. Corrija las falsas. Indique qué parte del texto apoya su respuesta.

1. Los buzos toman turnos para bucear en el basurero.
2. Momboñombo sabe escribir una carta formal.
3. Momboñombo dice que los buzos se oponen al cierre del basurero.
4. Única cree que la mitad de las cosas que la gente bota son útiles.
5. El basurero es un lugar muy insalubre.
6. Momboñombo trabaja como buzo por elección propia.
7. Momboñombo dice que el problema más grave es que los buzos no tendrán dónde vivir si se cierra el basurero.
8. Momboñombo pide que el gobierno ayude a los buzos con asistencia pública.
9. Momboñombo cree que los buzos tienen la culpa de la situación en la que viven.

Paso 2: Con un compañero/una compañera vuelva a la lista de personajes que se encuentra en **Antes de leer**. Juntos escriban una lista de palabras o expresiones (pueden ser adjetivos, sustantivos o verbos) que Uds. asocian con cada personaje.

Paso 4: En grupos de cuatro, escriban una ficha con nueve palabras clave que puedan utilizar para hacer un breve resumen del cuento de Contreras Castro. Luego en parejas preparen el resumen.

Única mirando al mar

B. Hablar del futuro

Paso 1 Momboñombo está preocupado por lo que les pasará a los buzos si se cierra el basurero. Complete las oraciones para predecir el futuro de los buzos. Mire los ejemplos tomados del texto.

*"¿de qué vamos a vivir cuando el basurero lo **cierren**?"*
*"...para que nos **pongan** a trabajar y nos **den** garantías sociales..."*

1. Tan pronto como el basurero _____ (cerrarse), los buzos...
2. Después de que el Presidente _____ (recibir) la carta, ...
3. En cuanto la compañía privada _____ (empezar) a recoger la basura, los residentes de la zona...
4. Para que _____ (haber) servicios sociales para los buzos, ...
5. Momboñombo y su familia _____ (mudarse) del basurero con tal de que...
6. Los buzos no _____ (tener) condiciones salubres sin que el gobierno...
7. Los buzos no _____ (poder) sobrevivir a menos que...

Paso 2 En parejas escriban tres titulares que saldrán en el periódico costarricense *La Nación* sobre la situación de los buzos. Luego compartan sus titulares con otra pareja. Después de leer los titulares del otro grupo, Uds. deben explicar lo que dirán los siguientes grupos de personas ante cada titular: (a) los trabajadores sociales, (b) la gente pobre de los pueblos costarricences, (c) el presidente y los consejeros, (d) los adinerados de San José.

C. ¡A dramatizar! Dramaticen una de las siguientes situaciones en grupos de cuatro.

Situación 1: Hay una discusión acalorada (heated) entre dos buzos y dos portavoces del gobierno sobre su reacción ante la inminente clausura del basurero. Ambos grupos presentan propuestas y soluciones para el futuro, pero ninguno se pone de acuerdo.

Papel de los dos buzos: Uds. están indignados y muy molestos porque el Presidente de la República se ha negado al diálogo y tampoco a contestado la carta enviada por Momboñombo.

Papel de los portavoces del presidente : Uds. mantienen un tono muy calmado e intelectual y tratan de convencerlos con promesas de que en el futuro, la vida de los habitantes del basurero será muy diferente.

Situación 2: Discusión poco cordial entre dos representantes de la industria privada, que quieren comprar el basurero, y dos defensores del medio ambiente, que están en contra de la privatización de la basura. Las soluciones y propuestas de ambos grupos son muy conflictivas y contradictorias.

Papel de los representantes de la industria privada: Uds. están de muy mal humor y se sienten exasperados ante la posibilidad de perder este negocio.

Papel de los defensores del medio ambiente: Uds. son militantes y no quieren ceder (*yield*) en sus demandas. Proponen soluciones muy radicales que ofenden a los de la otra banda.

D. Hacia el análisis literario *La metáfora*

Las metáforas se forman a partir de una comparación entre dos cosas que normalmente no corresponden lógicamente. Se usa la metáfora para evocar significados especiales a partir de la comparación, sin tener que explicar directamente. Por medio de la metáfora, el autor pone al lector a pensar en el sujeto descrito de manera diferente.

1. Cuál es la metáfora principal que se usa para el basurero en este texto? ¿Le parece apropiada? ¿Por qué sí o por qué no? ¿Por qué cree que el autor escogió esta metáfora?
2. Vuelva a los primeros tres párrafos del trozo que acaba de leer. Busque todas las imágenes que apuntan a la metáfora central. ¿Cómo desarrolla el autor la metáfora?
3. El autor usa otras metáforas para describir al basurero. Cuando lo llama "paradero de la mala conciencia de la ciudad", ¿qué quiere decir?
4. ¿Por qué llama a los buzos "herederos del castigo de Sísifo"?

E. Las siete metas comuncativas en contexto Escriba dos o tres oraciones para cada meta comunicativa. Preste atención a los puntos gramaticales que debe utilizar para hacer oraciones precisas.

1. En sus propias palabras, describa un basurero.

2. El autor compara el basurero con el mar, que nos podría parecer una metáfora extraña. Haga una comparación entre lo que normalmente asociamos con el mar y lo que normalmente entendemos por un basurero.

122

3. Haga el papel de un consejero/una consejera del Presidente de Costa Rica. Escriba dos reacciones a las condiciones de vida de la gente que vive en el basurero y dos recomendaciones de qué hacer con ellos cuando el basurero se cierre.

4. Piense en algún desastre ecológico que ocurrió en el pasado o invente uno. Escriba un pequeño párrafo describiendo el desastre, qué pasó, cuáles eran los efectos para el medio ambiente y qué se hizo para resolver el problema.

5. ¿Qué problemas ecológicos le preocupan más?

6. Si Ud. fuera un buzo, ¿cómo sería su vida? ¿Trataría de salir del basurero? ¿Qué haría para cambiar su vida?

7. En el futuro, ¿cómo podremos solucionar el problema de la basura?

F. **El editor exigente** Un editor lee el cuento y le pide al autor unos cambios:

"No me gusta la metáfora del mar para el basurero. Busque otra metáfora más apropiada."

Escriba uno o dos párrafos describiendo al basurero con otra metáfora. Mantenga el tono y el estilo del texto.

G. **A conversar** Converse sobre las siguientes preguntas en grupos pequeños.

1. Cuando a Ud. le molesta una situación social, ¿suele escribir cartas como la de Momboñombo? Si no, ¿qué hace? ¿Lee más sobre la situación? ¿Conversa con sus amigos? ¿Participa en protestas? ¿?

2. Única mirando al mar es una novela que protesta contra varias situaciones injustas: la contaminación del ambiente y la indiferencia de la mayoría de nosotros ante ésta, las condiciones miserables de la gente pobre y la irresponsabilidad del gobierno, entre otras. ¿Cree Ud. que la literatura pueda tener un impacto en la sociedad? ¿Puede influir en y/o iniciar cambios? ¿Puede Ud. pensar en alguna obra literaria que haya tenido un gran impacto social?

3. Comente la siguiente cita de la carta de Momboñombo: "Yo he oído que la empresa privada produce libertad y no estaría nada mal que nos liberaran de vivir como presos, porque nuestra única culpa es haber nacido pobres, pero tampoco se puede decir que uno es libre si se está muriendo de hambre".

H. **Yo poeta** A ver cuán creativo/a es Ud. Puede trabajar en parejas o solo/a para crear un poema sencillo de tipo "cinquain". Vea el siguiente modelo y lasinstrucciones para escribir un "cinquain" en la página 11. Luego escriba un"cinquain" sobre uno de los siguientes temas: el medio ambiente, El Bacán, la responsabilidad cívica.

Modelo: Basura
Vida nuestra
Bucear, hallar, utilizar
Sin la basura, no podemos sobrevivir
Consumerismo

Capítulo 6

"Pandora"
Claribel Alegría

Sobre la lectura

Claribel Alegría es una de las poetas más aclamadas de Centroamérica. Aunque nació en Nicaragua en 1924, su familia se mudó a El Salvador cuando Alegría tenía apenas nueve meses, por lo que se le considera salvadoreña. Alegría es una escritora incansable a la cual ya se le atribuyen una veintena de textos poéticos publicados, además de un sinnúmero de testimonios históricos. Testigo (*witness*) de las atrocidades de las dictaduras y guerras civiles de los países centroamericanos, Alegría escribe una poesía comprometida, preocupada por la justicia social en la zona.

El poema que estudiaremos a continuación pertenece a la colección titulada <u>Fugues</u> (1993). En este texto poético Claribel Alegría se inspira en Pandora, figura femenina mitológica que representa el mal. La voz que habla en el poema se dirige a Pandora para presentarle una serie de situaciones que afectan la vida del mundo moderno al mismo tiempo que reconoce en Pandora su poder para alterar el presente caótico y negativo por un futuro lleno de esperanzas.

Nota histórico-cultural: El mito de Pandora

En la mitología griega, Pandora es la fuente desde donde se origina el mal y las plagas que amenazan al mundo. Hefesto (o Vulcano) era un herrero (*blacksmith*) y artesano que le dio forma a la figura de Pandora. Luego, varios dioses y diosas intervinieron en la creación final de la mujer. Se encargaron de infundirla de diferentes cualidades, como la dexteridad, la mezquindad (*pettiness*) y la belleza. Esta última cualidad la utilizaron para seducir y provocar a los hombres.

Los dioses creían que el mundo de los hombres era demasiado idílico y apacible (*tranquil*) y que hacía falta la presencia del sexo femenino para perturbarlo. A pesar de que Zeus había llenado de maldad a Pandora, Epimeteo (el hermano de Prometeo), quien era muy ingenuo, se fascinó con su belleza y la tomó por esposa. Él ignoraba que Pandora cargaba una cesta (*basket*) donde se escondían y de donde luego salieron las peores plagas que afectan a la humanidad: el dolor, la enfermedad, la locura y la vejez. No obstante, en su confusión, los hombres lograron evitar que saliera la <u>esperanza</u>. Así ellos encontraron un propósito a su existencia dentro de un mundo dañado por la maldad de la mujer.

Antes de leer

A. **Para discutir** Converse sobre las siguientes preguntas en grupos pequeños.

1. ¿Conoce usted a algún personaje mitológico o legendario que le parezca interesante?

2. Si Ud. se inspirara en una leyenda mitológica o en un personaje legendario para escribir un poema, ¿con qué o en quién se inspiraría? Explique.

3. Si Ud. fuera poeta que se inspirara en problemas de la vida del siglo XXI, ¿en qué problemas se centraría? ¿Por qué?

B. **Vocabulario en contexto** El poema que va a leer contiene muchos cognados. Con cada uno de los siguientes cognados, indique si es adjetivo, sustantivo o verbo y trate de adivinar qué significa. Después, averigüe si tenía razón al leerlos en contexto en la lectura.

Cognado	*Adjetivo/Sustantivo/Verbo*	*Significado*
se volvía **espiral**		
tú **profetizabas**		
temes que…te **devoren**		
espesas nubes **omniscientes**		
plagas		
los **escuadrones** de la muerte		
tiene **úlcera** la tierra		
para **destruir** sus bosques		

C. **Visualización** Mientras lea, trate de visualizar lo siguiente en cuanto aparezca en la lectura.

● Pandora

● Las cosas que hay en la caja de Pandora

"Pandora"

 VERIFICAR

¿Qué haces ahí Pandora?
¿Por qué no me miras a los ojos?
¿Qué haces ahí con esa cesta [1]
desbordando collares[2]?
    Te conozco
    recuerda
    alguna vez
estuvimos juntas en un cuerpo.
De mis labios brotaba[3]
un hilito[4] de humo
que perezosamente se volvía espiral
y tú profetizabas.
¿Temes que tus collares
se te enrosquen[5] al cuello
y te devoren?
Hay nubes grises en el cielo
espesas nubes omniscientes.
¿Temes ser portadora[6]
de abrumadoras[7] plagas
que enluten[8] a la tierra?
Sé que en tu cesta
Se revuelven
envidias
epidemias
la ira
la vejez
los boinas verdes[9]
las torturas
los escuadrones de la muerte
tiene úlcera la tierra
una pústula[10] rosa

que supura[11]
arrancamos[12] sus bosques
los quemamos
nos servimos del fuego
para destruir sus bosques
envenenamos[13] ríos
y mares
y hasta el aire
tiembla[14] el planeta
se sacude[15]
nos cuesta respirar
pero en el fondo de tu cesta
aún está verde
la esperanza[16]
No dejes Pandora
que se escape
conozco bien nuestros defectos
somos curiosas
vanas
ambiciosas
Hefesto lo sabía
sabía que abriríamos la caja
y entre todas las plagas
nos ofreció un regalo.
Aún está verde
la esperanza
cierra tu cesta
Pandora
**aún podemos hacernos la ilusión
de transformar al mundo
en un tigre con alas** VISUALIZAR
**en un tigre amarillo
de ariscas[17] rayas negras
sobre el que todos podamos
cabalgar.**[18]

---

[1] basket
[2] desbordando…overflowing with beads
[3] flowed
[4] hilo (*here* wisp)
[5] coil
[6] bearer
[7] overwhelming
[8] cause to go into mourning
[9] boinas…green berets

[10] pustle
[11] suppurates
[12] pull out
[13] poison
[14] tremble
[15] it shakes itself
[16] hope
[17] wild
[18] ride

Después de leer

A. Comprensión

Paso 1: Escoja la(s) respuesta(s) que mejor corresponda(n).

1. Pandora no mira a la persona que habla en el poema porque ella...
a. tiene miedo.   b. está ausente.   c. no le importa.

2. Pandora y la voz que se dirige a ella en el poema...
a. nunca se habían visto.   b. se conocieron en el pasado.   c. son hermanas.

3. Estos versos "¿Temes ser portadora/ de abrumadoras plagas/ que
enluten a la tierra?"
a. aluden a la muerte y la tragedia   b. se refieren a terribles enfermedades
c. aluden a lo que pueda pasar en el futuro

4. Los versos que hablan sobre "los boinas verdes" y "los escuadrones
de la muerte" se refieren a...
a. la moda y los colores.   b. la vida de los seres queridos.
c. los militares y la violencia.

5. La tierra tiene "úlcera" y la rosa "supura"...
a. porque son elementos de la naturaleza.   b. por maltratos y abusos contra la
ecología.   c. porque están enfermas.

6. Nos cuesta respirar el aire del planeta por...
a. la contaminación.   b. la esperanza.   c. la cesta de Pandora.

7. La voz poética no quiere que Pandora abra la caja...
a. para que no se pierda la esperanza de un mejor futuro.
b. para guardar el regalo que hizo Hefesto.
c. para mantener la ilusión.

8. Los versos "aún está verde/ la esperanza"...
a. denotan una visión optimista.   b. implican que la naturaleza podrá renacer.
c. son muy pesimistas.

9. Cuando la poeta habla de "un tigre.../ sobre el que todos podamos
cabalgar".
a. alude a la fantasía.   b. se refiere a la guerra.
c. se asocia con la posibilidad de que todos tengan acceso a la libertad.

Paso 2: Con un compañero/una compañera vuelva a la lista de personajes y cosas que se encuentra en **Antes de leer.** Juntos escriban una lista de palabras o expresiones (pueden ser adjetivos, sustantivos o verbos) que asocian con Pandora y los cosas que hay en su caja.

Paso 3: Complete las siguientes oraciones como si Ud. fuera la voz poética (la persona que habla en el poema).

1. Antes, Pandora y yo…
2. Vi que Pandora tenía en su cesta…
3. Pero creo que para el futuro…

Paso 4: En grupos de cuatro, escriban una ficha con nueve palabras clave que puedan utilizar para hacer un breve resumen del texto. En el texto, el problema se presenta desde el punto de vista de una persona que le habla a Pandora. En parejas preparen un resumen como si Uds. fueran Pandora, escribiendo sus memorias.

> *"Pandora"*
>
>

B. Hablar del futuro

Paso 1: La probabilidad. Conjugue el verbo el paréntesis para hacer una conjetura sobre cada una de las siguientes situaciones.

1. La cesta de Pandora está desbordando collares. _____ (Haber) muchos collares.
2. El mundo se está transformando. _____ (Ocurrir) algo extraordinario.
3. Las mujeres están muy ilusionadas. _____ (Tener) esperanzas.
4. En la tierra se revuelven envidias y epidemias. _____ (Sufrir) la gente.
5. Los escuadrones masacran a los ciudadanos. _____ (Ser) torturadores.

Paso 2: El futuro y las cláusulas adverbiales. Escoja una cláusula adverbial de la lista **A** un(os) sustantivo(s) de la lista **B** y un(os) verbo(s) de la lista **C** para formar seis oraciones completas sobre el futuro. Siga el modelo.

A

Antes de que	Tan pronto como
Sin que	Hasta que
Para que	En cuanto
A menos que	Cuando
Con tal (de) que	Después de que
En caso de que	

B / C

B	C
la tierra	estar contaminada/ o
las torturas	terminar
Pandora	abrir la cesta/ cerrar la cesta
Hefesto	dar un regalo
un tigre / alas	cabalgar
los bosques	deforestar/ quemar
el planeta	destruir
las plagas	salir/ detenerse/ escaparse
los escuadrones de la muerte	exterminar

Modelo: La hablante poética   escuchar
   La hablante poética hablará con Pandora hasta que ella la escuche.

1. _____.

2. _____.

3. _____.

4. _____.

5. _____.

6. _____.

C. **¡A dramatizar!** En parejas, hagan una lectura dramatizada de "Pandora". Puede usar accesorios o crear algún escenario. Concéntrense en la pronunciación y en la entonación.

D. **Hacia el análisis literario** *La voz poética*

Cuando se trata de leer y analizar un poema es importante prestar atención a quién habla en el poema. Si en un cuento o novela hablamos de un narrador/una narradora para identificar el punto de vista de quién narra, en la poesía se emplean los términos de *hablante poético/a*, o *voz poética*. Es la voz poética, y no el/la poeta en sí, quien nos habla en un poema.

Igual que con el narrador/la narradora, podemos hablar de una voz poética ausente y distante, casi imperceptible, o presente en el texto e involucrada en el asunto del poema. El tipo de voz poética que escoge el/la poeta es importante ya que influye en cómo nos acercamos al poema.

La voz poética no siempre es singular. En otras palabras, no siempre habla usando la primera persona singular "yo", sino que también puede dirigirse a un interlocutor general o particular empleando la forma plural "nosotros". La voz que habla en el poema, junto con el/la interlocutor(a) a quien se dirige, puede revelar detalles importantes para la comprensión y la interpretación del texto.

Conteste las siguientes preguntas para analizar la voz poética de "Pandora".

1. En su opinión, ¿quién habla en los primeros versos? Justifique su respuesta.

2. ¿A quién se dirige la voz poética? ¿Qué importancia podrá tener esta elección?

3. ¿Hay otros hablantes en el poema? Dé ejemplos textuales para apoyar su respuesta.

3. ¿Por qué cambia la voz del singular al plural? ¿Qué importancia puede tener esto sobre la idea que la poeta quiere comunicar? Considere el cambio de voz al principio y luego al final del poema en su respuesta.

5. ¿Es la voz poética hombre o mujer? ¿Le parece importante su género?

E. **Las siete metas comunicativas en contexto** Escriba dos o tres oraciones para cada meta comunicativa. Preste atención a los puntos gramaticales que debe utilizar para hacer oraciones precisas.

D 1. Imagínese la cesta que carga Pandora y descríbala en sus propias palabras.

C (COMPARAR) 2. Compare a Pandora con otro personaje mitológico o legendario.

R (REACCIONAR RECOMENDAR) 3. Imagínese que Ud. es Pandora y escríbale dos recomendaciones a otra mujer que tiene acceso al poder.

P (PASADO) 4. De acuerdo al poema, ¿qué plagas salieron de la cesta de Pandora? En su opinión, ¿qué pasó después de que salieron esas plagas?

G (GUSTOS) 5. ¿Qué elementos de la vida moderna le preocupan a la voz que nos habla en el poema? ¿A Ud.? ¿Y a sus abuelos?

H (HIPOTESIS) 6. Si Ud. fuera Pandora y tuviera la habilidad de transformar el presente, ¿qué cosas Ud. cambiaría?

F (FUTURO) 7. ¿Qué pasará cuando Pandora cierre su cesta?

F. **El editor exigente**: Un editor lee el poema y le pide a la autora unos cambios:

"El poema dice que <<aún podemos hacernos la ilusión/ de transformar al mundo/ en un tigre con alas/ en un tigre amarillo/... / sobre el que todos podamos cabalgar>>. ¿En qué otras cosas se podría transformar el mundo? Quiero que añada otras posibilidades."

Escriba tres o cuatro versos con ejemplos de cómo se podría transformar al mundo. Mantenga el tono y el estilo del poema.

G. **¡A conversar!** Converse sobre los siguientes temas en grupos pequeños

1. ¿Qué futuro visualiza Ud. para la ecología del planeta tierra? ¿Qué problemas serán graves? ¿Qué plagas "enlutarán" la tierra? ¿Qué alternativas tenemos para confrontarlas?

2. Al hacer referencia a los "collares" que están en la cesta de Pandora, el poema sugiere que Pandora podría representar el viejo mundo, que trae collares al nuevo mundo para cambiarlos por las riquezas de éste. Consigo, el viejo mundo también trae al nuevo mundo una serie de plagas. ¿Está Ud. de acuerdo con esta evaluación de la conquista del nuevo mundo? ¿Qué plagas trajeron los conquistadores? ¿Qué aportaron los europeos al nuevo mundo?

3. El poema alude a la violencia política. ¿Cuáles son los ejemplos que da? ¿A qué país o países se refiere? ¿Puede pensar en otros ejemplos recientes de violencia política? ¿Cómo se podrá combatir ese problema? ¿Cómo

serán las relaciones internacionales de las potencias (*powers*) que mantienen el poder?

H. **Yo poeta** A ver cuán creativo/a es Ud. Puede trabajar en parejas o solo/a para crear un poema sencillo de tipo "cinquain". Vea el siguiente modelo y las instrucciones para escribir un "cinquain" en la página 11. Luego escriba un "cinquain" sobre uno de los siguientes temas: la violencia, la tierra, la esperanza.

Modelo: Pandora
                     Mujer maligna
                     Traer, abrir, envenenar
                     Los dioses la mandaron
                     Destructora